Jannik Weis

Der Staatsfonds des Landes Norwegen

Jannik Weis

Der Staatsfonds des Landes Norwegen

Gründe der Auflegung, die Investitionspolitik, seine Bedeutung für den Kapitalmarkt sowie Diskussion der Performance

Lehrbuchverlag

Imprint

Cover image: www.ingimage.com

Publisher:
Der Lehrbuchverlag
is a trademark of
Dodo Books Indian Ocean Ltd., member of the OmniScriptum S.R.L Publishing group
str. A.Russo 15, of. 61, Chisinau-2068, Republic of Moldova Europe
Printed at: see last page
ISBN: 978-620-0-44724-1

Inhaltsverzeichnis

Abkürzungsverzeichnis

CEO	Chief Executive Officer
GIPS	Global Investment Performance Standard
GPFG	Government Pension Fund Global
NBIM	Norges Bank Investment Management
OECD	Organisation for Economic Cooperation and Development

Abbildungsverzeichnis

1 Einleitung

1.1 Problemstellung und Zielsetzung

In der nachfolgenden Arbeit wird der Staatsfonds des Landes Norwegen vorgestellt, analysiert und bewertet. Es wird untersucht, wie es dazu kommt, dass ein Land wie Norwegen mit knapp fünf Millionen Einwohnern den größten Staatsfonds der Welt aufbauen konnte und es sogar schafft, den Staatsfonds Chinas zu übertreffen.[1] Der norwegische Staatsfonds ist der erste Fonds der Welt, welcher den Wert von einer Billion US-Dollar erreicht hat.[2] Des Weiteren werden die strengen, selbst auferlegten ethischen Richtlinien, welche es dem Fonds unter anderem verbieten, in ertragreiche Industrien, wie die Tabak- oder die Waffenindustrie zu investieren, diskutiert und auf deren Auswirkung auf die Performance des Fonds eingegangen. Die Konsequenzen, welche das Durchsetzen der Richtlinien für den Fonds, aber auch für den gesamten Kapitalmarkt bedeuten, werden beleuchtet und kritisch hinterfragt. Darüber hinaus wird die Frage geklärt, ob die Befürchtungen der Manager von Kapitalmarktunternehmen in Bezug auf die Investitionsentscheidungen des Fonds, wie in der „Frankfurter Allgemeinen Zeitung" berichtet wurde,[3] gerechtfertigt sind. Weiter werden die Gründe für die Auflegung des Fonds hinterfragt, und es wird dargestellt, weshalb gerade für den Staat Norwegen ein erfolgreicher Fonds existenziell für die nachfolgenden Generationen ist.

[1] Vgl. Das Statistik-Portal: Größte Staatsfonds weltweit nach der Höhe des verwalteten Vermögens, Hamburg 2018, S.1, URL: https://de.statista.com/statistik/daten/studie/208474/umfrage/groesste-staatsfonds-weltweit-nach-der-hoehe-des-verwalteten-vermoegens/ (Abruf vom 08.03.2019; Dok. 1).

[2] Vgl. Krieger, Sinan: Mehr ist mehr, Bayern 2018, S.1, URL: https://webvpn.hs-rm.de/sslvpn/PT/https://www.wiso-net.de/document/FOCM__doc728eed1j284iic74fl6/hitlist/0?all= (Abruf vom 05.02.2019; Dok. 2).

[3] Vgl. Schipper, Lena: Der mächtigste Fonds der Welt, Frankfurt am Main 2014, S.2, URL: https://www.faz.net/aktuell/finanzen/fonds-mehr/norwegischer-staatsfonds-der-maechtigste-fonds-der-welt-13089906.html (Abruf vom 08.03.2019; Dok. 3).

1.2 Aufbau der Arbeit

Die vorliegende Bachelorarbeit gliedert sich in sieben Kapitel. Nach dem einleitenden Kapitel eins werden in Kapitel zwei der Grundgedanke sowie der allgemeine Aufbau des Fonds vorgestellt. Hierunter fallen die Anlagestrategie des gesamten Staatsfonds wie auch die Strategien der einzelnen Asset-Klassen. Das dritte Kapitel befasst sich mit den ethischen Vorgaben und Richtlinien, welche sich die Verantwortlichen des Fonds selbst auferlegt haben. Im Anschluss wird im Kapitel vier beleuchtet, in welchen Anlageklassen die höchste Wertschöpfung generiert wird. Darauf folgen in Kapitel fünf die Diskussion der Performance im Vergleich zu der aufgelegten Benchmark sowie die Beschreibung der Konsequenzen, welche sich aus den ethischen Richtlinien ergeben. Kapitel sechs untersucht die Bedeutung des norwegischen Staatsfonds für den Kapitalmarkt. Hier wird diskutiert, ob ein Investment durch den Staatsfonds mehr Chancen oder mehr Wagnisse bietet. Abschließend wird im Fazit der Fonds bewertet und seine zukünftige Entwicklung prognostiziert.

2 Theoretische Grundlagen des norwegischen Staatsfonds

2.1 Beweggründe der Entstehung des norwegischen Staatsfonds

Staatsfonds werden für gewöhnlich von Regierungen gegründet, um die Landeswährung gegen die Gefahren der Inflation zu schützen, sich gegen Preisschwankungen von Rohstoffen abzusichern oder die Altersvorsorge der Bürger zu gewährleisten.[4] Im Falle Norwegens wurde der Fonds gegründet, um den Wohlstand künftiger Generationen zu sichern. Der Fonds speist sich aus den Einnahmen der Erdölvorkommen. Im Jahr 1971, nach knapp zehn Jahren

[4] Vgl. Kwasniewski, Nicolai: Ethisches Investieren kostet Rendite, Hamburg 2017, S.2, URL: http://www.spiegel.de/wirtschaft/soziales/norwegens-staatsfonds-ethik-richtlinien-kosten-milliarden-a-1139803.html (Abruf vom 06.03.2019; Dok. 4).

Forschung, wurde in Norwegen erstmalig Öl zutage gefördert.[5] Durch die Besteuerung der Erdöleinnahmen soll eine maximale Wertschöpfung für die kommenden Generationen Norwegens sichergestellt werden. Diese Einnahmen werden an den Government Pension Fund Global abgeführt. Die zwei größten Einnahmequellen im Jahr 2018 waren zum einen die Steuereinnahmen auf die Erdölaktivitäten mit 13,6 Milliarden US-Dollar[6] und zum anderen die Einnahmen, welche durch direkte Beteiligungen an Öl- und Gasfeldern sowie Pipelines und Onshore-Anlagen dem Staat zufließen. Diese belaufen sich auf 14,1 Milliarden US-Dollar.[7] 1996 wies der norwegische Staatshaushalt erstmalig einen Überschuss in der Staatskasse auf. Die Regierung investierte daraufhin das erste Mal in den im Jahre 1990 gegründeten Ölfonds.[8] 1998 wurde beschlossen, die Verwaltung des Fonds der Norges Bank zu übertragen, welche im Auftrag des Finanzministeriums handelt. Hierfür wurde von der Norges Bank die Norges Bank Investment Management (NBIM) gegründet. Seit 2006 trägt der bis dahin „Statens Pensjonsfonds" genannte Staatsfonds seinen bis heute gültigen Namen: „Government Pension Fund Global" (GPFG).[9] Die Abhängigkeit Norwegens von Erdöl und Erdgas wird erkennbar, wenn man sich die Exporte des Landes anschaut: Hier entfallen rund 50 Prozent des Exports auf Erdöl und Erdgas.[10] Weitere zukünftige Risiken ergeben sich aus der Endlichkeit des Rohstoffs Erdöl: Bisher wurden bereits 47 Prozent der Erdölvorkommen Norwegens abgebaut.[11]

---

[5] Vgl. Berthelsen, Ole; Nagell, Trude Christine: Norway´s oil history in 5 minutes, Oslo 2013, S.3, URL: https://www.regjeringen.no/en/topics/energy/oil-and-gas/norways-oil-history-in-5-minutes/id440538/ (Abruf vom 06.03.2019; Dok. 5).

[6] Wechselkurs; 1 NOK= 0,11 USD; Interbankenkurs am 11.03.2019, (Alle Angaben in US-Dollar, in der Arbeit beziehen sich auf diesen Wechselkurs).

[7] Vgl. Norwegian Ministry of Petroleum and Energy: The Government´s Revenues, Oslo 2019, S.2, URL: https://www.norskpetroleum.no/en/economy/governments-revenues/ (Abruf vom 06.03.2019; Dok. 6).

[8] Vgl. Stockheim, Ulrich: der norwegische Ölfonds – der „Statens Pensjonsfonds" – eine Erfolgsgeschichte, Wiesbaden 2008, S.99, URL: https://webvpn.hs-rm.de/sslvpn/PT/https://link.springer.com/content/pdf/10.1007%2F978-3-8349-8969-7.pdf (Abruf vom 04.03.2019; Dok. 7).

[9] Vgl. Norges Bank Investment Management: Annual Report, Oslo 2006, S.4, URL: https://www.nbim.no/globalassets/reports/2006/2006-eng.pdf (Abruf vom 06.03.2019; Dok. 8).

[10] Vgl. Norwegian Ministry of Petroleum and Energy: Exports of Oil and Gas, Oslo 2019, S.2, URL: https://www.norskpetroleum.no/en/production-and-exports/exports-of-oil-and-gas/ (Abruf vom 08.03.2019; Dok. 9).

[11] Vgl. Norwegian Petroleum: Everything you need to know about Norwegian petroleum activities, Oslo 2019, S.4, URL: https://www.norskpetroleum.no/ (Abruf vom 08.03.2019; Dok. 10).

2.2 Allgemeine Ausführungen zur Anlagestrategie des Fonds

Die „Norges Bank Investment Management“ (NBIM) verwaltet den GPFG für das Finanzministerium. Das Finanzministerium handelt im Auftrag des norwegischen Parlaments, welches das Volk repräsentiert und durch ein Managementmandat die übergeordneten Ziele vorgibt.[12] Die Kriterien, welche hierbei eine wichtige Rolle spielen, sind die Grundsätze der Langfristigkeit, der Nachhaltigkeit und der Diversifikation. Darüber hinaus besteht die Maxime, nur im Ausland zu investieren.[13] Durch die Vorgabe keine Investments im eigenen Land durchzuführen, wird der Gefahr der sogenannten „holländischen Krankheit“ vorgebeugt, welche vereinfacht gesagt ein volkswirtschaftliches Modell beschreibt, in welchem durch den Rohstoffboom eines Landes negative Auswirkungen auf den produzierenden Sektor des Landes eintreten.[14] Die Norges Bank hat jedoch kein alleiniges Bestimmungsrecht, insbesondere die Anlagestrategie wird vom Finanzministerium festgelegt. Hierbei wird das Finanzministerium von der Norges Bank und dem Parlament beraten. Die Strategie wird alle drei Jahre überprüft und angepasst, dabei orientiert sie sich an den strategischen Ausrichtungen des vorherigen Zeitraums. Beschlossene Umstellungen erfolgen sukzessive, sodass keine Performance-Einbußen durch zu überstürztes Handeln eintreten.[15] Das Mandat, an welches sich die NBIM halten muss, legt fest, in welche Märkte investiert werden darf und welche Quoten in den einzelnen Anlageklassen berücksichtigt werden müssen. Die Rollenverteilung ist klar vorgegeben. Aufgaben und Berechtigungen werden von oben nach unten delegiert, wohingegen Risikoberichte, Leistungsberichte und Vorschläge bezüglich der Strategie von

---

[12] Vgl. Norges Bank Investment Management: About the Fund, Oslo 2019, URL: https://www.nbim.no/en/the-fund/about-the-fund/ (Abruf vom 08.03.2019; Dok. 11).

[13] Vgl. Hessischer Rundfunk, Anstalt des öffentlichen Rechts (Hrsg.): So investiert Norwegens Staatsfonds, Frankfurt 2018, S.2, URL: https://boerse.ard.de/anlagestrategie/geldanlage/so-investiert-norwegens-staatsfonds100.html (Abruf vom 08.03.2019; Dok. 12).

[14] Vgl. Wermuth, Dieter: Die holländische Krankheit, Berlin 2005, S.1, URL https://www.welt.de/print-welt/article187891/Die-hollaendische-Krankheit.html (Abruf vom 08.03.2019; Dok. 13).

[15] Vgl. Norges Bank Investment Management: Strategy, Oslo 2017, S.1, URL: https://www.nbim.no/en/organisation/strategy-plan/ (Abruf vom 08.03.2019; Dok. 14).

unten nach oben berichtet werden.[16] Das Vermögen des norwegischen Staatsfonds wird durch die vom Finanzministerium vorgegebene Asset-Allokation auf drei verschiedene Anlageklassen verteilt. Die Verteilung der Größen erfolgt unter Berücksichtigung des Anlagehorizonts und der Risikopräferenz des Fonds.[17] So macht die Aktienquote 66,3 Prozent aus, die festverzinslichen Wertpapiere belaufen sich auf 30,7 Prozent, und ein Anteil von 3,0 Prozent entfällt auf Immobilien. Die Risikostreuung wird ersichtlich, wenn man sich die Breite der Investments anschaut. Der Fonds hat in 9.158 Unternehmen in 73 Ländern investiert.[18] Die Auswahl, in welche die Gelder des Staatsfonds fließen, werden nach ihren langfristigen Zielen und ihren Chancen am Markt getroffen und nicht nach dem passenden Market Timing.[19] David F. Swensen von der Yale Stiftung, die vom Erfolg und der Grundidee der Strategie her mit dem norwegischen Staatsfonds vergleichbar ist, vertritt die Meinung, dass die Strategie des Market Timings weder bei privaten noch bei institutionellen Anlegern langfristig erfolgreich sein könne. Dies liege daran, dass erst in eine Asset-Klasse investiert werde, wenn diese bereits hohe Gewinne eingefahren habe und der Einstieg dann nicht mehr lohnenswert sei. Demgegenüber würden schlechte Klassen gemieden und bereits bestehende Investments veräußert werden. Um die Vorgaben des Finanzministeriums nicht zu überschreiten beziehungsweise zu unterschreiten, wendet der GPFG das Prinzip des kosteneffizienten Rebalancing an.[20] Würde sich beispielsweise durch einen anhaltenden „Bullenmarkt" die Aktienquote deutlich erhöhen, würde die Aktienquote nach und nach abgebaut werden, um wieder in die Nähe der Zielquote

---

[16] Vgl. Norwegian Ministry of Finance: Meld. St. 13 (2017-2018) Report to the Storting (white paper), Oslo 2018, S. 58, URL: https://www.regjeringen.no/contentassets/569f03a08ee74350b3778fdbb24dd406/en-gb/pdfs/stm201720180013000engpdfs.pdf (Abruf vom 09.03.2019; Dok. 15).

[17] Vgl. Leonie, Wolfgang: Dynamische Asset Allocation – ein ganzheitlicher Beratungs- und Managementansatz, Wiesbaden 2008, S.2, URL: https://webvpn.hs-rm.de/sslvpn/PT/https://link.springer.com/content/pdf/10.1007%2F978-3-8349-8969-7_19.pdf (Abruf vom 09.03.2019; Dok. 16).

[18] Vgl. Norges Bank Investment Management: Annual Report 2018, Oslo 2018, S. 5, 30, URL: https://www.nbim.no/contentassets/02bfbbef416f4014b043e74b8405fa97/annual-report-2018-government-pension-fund-global.pdf (Abruf vom 09.03.2019; Dok. 17).

[19] Vgl. Becker, Kurt: Norwegens Staatsfonds schlägt den Markt um 11,6 Milliarden Euro, Wien 2018, S. 1-2, URL: https://www.institutional-money.com/news/maerkte/headline/norwegens-staatsfonds-schlaegt- den-markt-um-116-milliarden-euro-140410/ (Abruf vom 09.03.2019; Dok. 18).

[20] Vgl. Rüppel, Werner: Investieren wie Norwegen, Frankfurt am Main 2018, S.1-2, URL: https://www.boersen-zeitung.de/index.php?li=1&artid=2018233837 (Abruf vom 09.03.2019; Dok. 19).

zu gelangen. Dies stellt ein antizyklisches Verhalten dar und schützt den GPFG vor Verlusten bei Markteinbrüchen. Auf der anderen Seite kauft der GPFG in Krisenzeiten vermehrt Aktien und stockt so die Aktienquote auf.[21] Der Referenzindex, welcher vom Finanzministerium vorgegeben wird, ist die Richtlinie für die NBIM, an welche sie sich bei ihren Investitionen hält. Der Referenzindex lässt sich in zwei Kategorien aufteilen: zum einen die der Aktien, welche sich auf den Index „Global All Cap" bezieht und vom Unternehmen FTSE Russel erstellt wird, zum anderen die der festverzinslichen Wertpapiere, deren Daten vom Unternehmen Bloomberg gestellt werden. Für die Kategorie der Immobilien gibt es keinen Index, sondern lediglich die Vorgabe, dass nicht mehr als sieben Prozent des Fondskapitals in die Immobilienkategorie investiert werden dürfen.[22] Darüber hinaus fungieren diese vom Finanzministerium vorgegebenen Benchmarks auch als Orientierungs- und Überwachungsinstrument für das Management. Obwohl die Richtlinien regelmäßig überarbeitet werden, reagiert die Investitionspolitik des Staatsfonds auf aktuelle Marktlagen. Ein aktuelles Beispiel ist die Reaktion auf das momentan anhaltende Niedrigzinsumfeld. Die Nominalverzinsung sinkt seit der Finanzmarktkrise im Jahr 2007 kontinuierlich. Die Renditen, beispielsweise von deutschen Staatsanleihen mit einer Restlaufzeit von fünf Jahren, lagen erstmalig im Januar 2015 im negativen Bereich.[23] Bei einer solchen Marktlage sind durch festverzinsliche Anleihen kaum Renditen zu erzielen. Nach einem Vorschlag des Parlaments zur Prüfung und Erhöhung der Aktienquote aus dem Jahr 2016[24] wurde im Jahr 2017 das Investitionsmandat abgeändert. Der Aktienanteil wurde von

[21] Vgl. Söhnholz, Dirk; Rieken Sascha; Kaiser, G. Dieter: Asset Allocation, Risiko-Overlay und Manager-Selektion, Wiesbaden 2010, S.157, URL: https://webvpn.hs-rm.de/sslvpn/PT/https://link.springer.com/content/pdf/10.1007%2F978-3-8349-6315-4.pdf (Abruf vom 09.03.2019; Dok. 20).

[22] Vgl. Norwegian Ministry of Finance: Strategic Benchmark Index, Oslo 2018, S. 1-3, URL: https://www.regjeringen.no/en/topics/the-economy/the-government-pension-fund/government-pension-fund-global-gpfg/strategic-benchmark-index-for-the-govern/id696850/ (Abruf vom 09.03.2019; Dok. 21).

[23] Vgl. Brühl, Volker; Walz, Uwe: Das anhaltende Niedrigzinsumfeld in Deutschland, Frankfurt am Main 2015, S. 6, URL: https://www.ifk-cfs.de/fileadmin/downloads/publications/wp/2015/CFS_WP_506.pdf (Abruf vom 09.03.2019; Dok. 22).

[24] Vgl. Norwegian Ministry of Finance: Meld. St. 13 (2017-2018) Report to the Storting (white paper), Oslo 2018, S. 54, URL: https://www.regjeringen.no/contentassets/569f03a08ee74350b3778fdbb24dd406/en-gb/pdfs/stm201720180013000engpdfs.pdf (Abruf vom 09.03.2019; Dok. 15).

ursprünglich 62,5 Prozent auf 70 Prozent erhöht.[25] Diese Erhöhung erfolgt schrittweise. Eine weitere Reaktion auf die Niedrigzinspolitik ist die Verringerung der Möglichkeit, dass der Staat für seinen Haushalt auf Gelder aus dem Fonds zurückgreift. Bisher konnte der Staat vier Prozent entnehmen, dies wurde nun auf drei Prozent pro Jahr abgesenkt.[26] Hierdurch wird sichergestellt, dass keine kurzfristigen Entnahmen hoher Beträge die langfristigen Ziele des Fonds gefährden.[27] Die Anlagestrategie wird durch die selbst auferlegten ethischen Richtlinien zusätzlich eingeengt. Ein Beweggrund ist unter anderem, dass mit den Richtlinien sichergestellt wird, dass sich der Fonds nicht zu einem politischen Vehikel entwickelt. Um dieser Problematik zu entgehen, wurde ein ethisches Fundament gebaut, welches sich an Kants kategorischem Imperativ orientiert. Dieser besagt: „Handle nur nach derjenigen Maxime, durch die du zugleich wollen kannst, dass sie ein allgemeines Gesetz werde.“[28] Aufgrund dieses ethischen Leitfadens fallen bestimmte Investments in Unternehmen, welche zum Beispiel Waffen herstellen oder Kinder als billige Arbeitskräfte einsetzen, weg. Die Entscheidung, nicht zu investieren beziehungsweise Investitionen zurückzunehmen, beruht jedoch nicht nur auf Kants Grundsatz, sondern unterstützt auch die Strategie der Risikominimierung.

---

[25] Vgl. Norges Bank Investment Management: Equity purchases in a weak market, Oslo 2019, S. 1, URL: https://www.nbim.no/en/the-fund/news-list/2019/equity-purchases-in-a-weak-market/ (Abruf vom 09.03.2019; Dok. 23).

[26] Vgl. Scherbaum, Christoph A.; Schmidt, Marc o.: Norwegischer Staatsfonds, Harvard-Stiftung& Co: Was Privatanleger von den Großen lernen sollten, Ludwigsburg 2017, S.2, URL: https://markteinblicke.de/102695/2017/09/norwegischer-staatsfonds-harvard-stiftung-co-was-privatanleger-von-den-grossen-lernen-sollten/ (Abruf vom 09.03.2019; Dok. 24).

[27] Vgl. Bönke, Timm; Harnack, Astrid: Ein Staatsfonds für Deutschland? Grundüberlegungen und internationale Vorbilder, Gütersloh 2017, S. 21, URL: https://www.bertelsmann-stiftung.de/fileadmin/files/BSt/Publikationen/GrauePublikationen/NW_Ein_Staatsfonds_fuer_Deutschland.pdf (Abruf vom 09.03.2019; Dok. 25).

[28] Vgl. Kant, Immanuel: Kritik der praktischen Vernunft. Grundlegung zur Metaphysik der Sitten, Berlin 2000, S. 51, Suhrkamp Verlag, Bd. VII, S.51., URL: https://webvpn.hs-rm.de/sslvpn/PT/https://link.springer.com/chapter/10.1007/978-3-476-01724-6_7 (Abruf vom 20.02.2019; Dok. 62).

2.3 Anlagestrategie der einzelnen Investments

2.3.1 Aktien als dominantes Anlagemedium des Fonds

Aktien spielen als bedeutende Anlageform gerade in Niedrigzinsphasen eine wichtige Rolle. Bei Aktien ergeben sich, im Gegensatz zu festverzinslichen Wertpapieren wie beispielsweise Staatsanleihen, aus der Unsicherheit über die künftige Entwicklung höhere Kurs- und auch Ausfallrisiken.[29] Für das Eingehen dieses erhöhten Risikos, erhält man eine Prämie. Je höher diese Prämie ausfällt, desto höher ist die Rendite der Anlage. Die Anlageklasse der Aktien profitiert von dem langfristigen Anlagehorizont des Fonds. Dies und der Umstand, dass der Fonds nur geringfügig liquide Mittel vorhalten muss, führen zu dem Vorteil, dass es für den Fonds keine bedeutende Rolle spielt, wenn sich große Schwankungen zuungunsten des Fonds ereignen, da das Kapital nicht direkt benötigt wird und man eine Kurserholung abwarten kann.[30] Unternehmen, in welche investiert werden soll, werden vorab ausführlich analysiert. Hierbei fließen nicht nur die langfristigen Ziele der Unternehmen in die Entscheidung ein, sondern es werden auch mögliche Chancen und Risiken, welche das zukünftige Marktumfeld der Unternehmen bestimmen, in die Entscheidung mit aufgenommen. Wegen der Größe und der Transparenz des Fonds und aufgrund des Wissens der Unternehmen, dass der Fonds ein langfristiges Interesse an den Unternehmen hat, sind die Unternehmen sehr daran interessiert, dass in sie investiert wird. Infolge dieser Konstellation ist es den Mitarbeitern des norwegischen Staatsfonds möglich, während der Prüfung der Unternehmen direkt mit deren oberem Management zu kommunizieren und dadurch einen besseren Einblick in die Unternehmen zu erhalten als es aus öffentlich zugänglichen Quellen möglich wäre. Da der Fonds auch außerhalb Europas investiert, zum Beispiel in Schwellenländern, ist es wichtig, externe

[29] Vgl. Metz, Volker: Der Kapitalisierungszinssatz bei der Unternehmensbewertung, Wiesbaden 2007, S.105, URL: https://webvpn.hs-rm.de/sslvpn/PT/https://link.springer.com/content/pdf/10.1007 %2F978-3-8350-9563-2.pdf%20S77 (Abruf vom 09.03.2019; Dok. 26 der CD).

[30] Vgl. Norwegian Ministry of Finance: Meld. St. 13 (2017-2018) Report to the Storting (white paper), Oslo 2018, S. 53, URL: https://www.regjeringen.no/contentassets/569f03a08ee74350b3778fdbb24dd406/en-gb/pdfs/stm201720180013000engpdfs.pdf (Abruf vom 09.03.2019; Dok. 15 der CD).

Portfoliomanager vor Ort zu haben, die sich mit dem Renditepotenzial der Unternehmen, aber auch den Risiken der dortigen Umwelt und den Regierungen auskennen. Durch die intensive Zusammenarbeit mit externen Portfoliomanagern wird es erst möglich, die im Kapitel 2.2 beschriebene Diversifikation durchzuführen.[31] Der Fonds investiert in 9.158 Firmen in 73 Ländern der Welt. Ihm gehören 1,4 Prozent aller börsennotierten Unternehmen weltweit und 2,5 Prozent der börsennotierten Unternehmen in Europa. Die drei größten Beteiligungen sind Microsoft Corp. mit 7,372 Milliarden US-Dollar, Apple Inc. mit 7,147 Milliarden US-Dollar und Alphabet Inc. mit 6,565 Milliarden US-Dollar.[32] Das unter 2.2 beschriebene Rebalancing betrifft vor allem die Anlageklasse der Aktien, da es hier die größten Schwankungen gibt. Ein Rebalancing wird durchgeführt, sobald der vorgegebene Referenzindex um vier Prozentpunkte über- oder unterschritten wird. Das Rebalancing erfolgt am letzten Handelstag des jeweiligen Folgemonats.[33] Einen wesentlichen Schwerpunkt legen die Verantwortlichen des GPFG auf Umwelt-, Sozial- und Governance-Fragen in den Unternehmen. Dies spielt aufgrund der Stimmrechte, welche den Aktionären eingeräumt werden, besonders in der Anlageklasse der Aktien eine wichtige Rolle. Um die Schwerpunkte im Interesse des Fonds zu realisieren, werden vor einer möglichen Investition die Unternehmen daraufhin geprüft, ob ihre Praktiken mit den Vorstellungen des Fonds konform gehen. Des Weiteren werden die Geschicke der Unternehmen aktiv in den Hauptversammlungen mitgestaltet. Dies wird durch die G20/OECD-Grundsätze der Corporate Governance ermöglicht: Vereinfacht gesagt können Aktionäre an Hauptversammlungen teilnehmen, ohne anwesend sein zu müssen. Das Stimmrecht wird an einen Vertreter abgegeben, welcher im Interesse des Fonds

---

[31] Vgl. Norges bank Investment Management: Investment Strategy, Oslo 2018, S.2-3, URL: https://www.nbim.no/en/the-fund/how-we-invest/investment-strategy/ (Abruf vom 09.03.2019; Dok. 27).

[32] Vgl. Norges Bank Investment Management: Annual Report 2018, Oslo 2018, S. 30,42, URL: https://www.nbim.no/contentassets/02bfbbef416f4014b043e74b8405fa97/annual-report-2018-government-pension-fund-global.pdf (Abruf vom 09.03.2019; Dok. 17).

[33] Vgl. Norges Bank Investment Management: Management Mandate, Oslo 2018, S.2-3, URL: https://www.nbim.no/en/organisation/governance-model/management-mandate/ (Abruf vom 09.03.2019; Dok. 28).

handelt. Damit ist sichergestellt, dass das Stimmrecht bei allen Unternehmen weltweit ausgeübt werden kann.[34]

2.3.2 Festverzinsliche Wertpapiere der Garant für die Liquidität

Der Grund, dass die festverzinslichen Anlagen mit 30,7 Prozent den zweit höchsten Anteil des Fonds ausmachen, ist den Vorteilen dieser Anlageform zuzuschreiben. Zum einen wird die Liquidität des Fonds hierdurch gesteigert, da anders als bei Aktieninvestments, welche keine Endfälligkeit haben, bei festverzinslichen Wertpapieren ein sicherer Geldfluss und eine feste Endfälligkeit gegeben sind; dies macht diese Art der Anlage gut kalkulierbar. Durch die festen Cashflows wird zum zweiten die Volatilität der Fondsrendite reduziert, was eine bessere Kalkulierbarkeit gewährleistet.[35] So erhielt der Staatsfonds im Jahr 2018 8,015 Milliarden US-Dollar durch die Zahlungsströme der Anleihen. Festverzinsliche Anlagen bestehen zu 70 Prozent aus Staatsanleihen, die von Regierungen begeben werden, und zu 30 Prozent aus Wertpapieren, welche von Unternehmen ausgegeben werden. Bei der Investition in Staatsanleihen wird die Höhe der Investition an bestimmte Kriterien angelehnt: So orientiert sich die Verteilung der Anlage in Staatsanleihen an der am jeweiligen Bruttoinlandsprodukt gemessenen wirtschaftlichen Größe der einzelnen Länder. Die größten Positionen im Bestand zum Zeitpunkt 31.12.2018 sind an erster Stelle die Vereinigten Staaten von Amerika mit 72,77 Milliarden US-Dollar, gefolgt von Japan mit 27,02 Milliarden US-Dollar und der Bundesrepublik Deutschland mit 12,09 Milliarden US-Dollar.[36] Der zweite Teil besteht aus Anleihen, welche von Unternehmen ausgegeben

---

[34] Vgl. Norges Bank Investment Management: Voting Process, Oslo 2016, S.1-2, URL: https://www.nbim.no/en/the-fund/responsible-investment/our-voting-records/voting-process/ (Abruf vom 09.03.2019; Dok. 29).

[35] Vgl.Mondello, Enzo: Anleihen: Grundlagen, Wiesbaden 2017, S.41-42, URL: https://webvpn.hs-rm.de/sslvpn/PT/https://link.springer.com/chapter/10.1007/978-3-658-13199-9_8 (Abruf vom 09.03.2019; Dok. 30).

[36] Vgl. Norges Bank Investment Management: Annual Report 2018, Oslo 2018, S. 57, 98, URL: https://www.nbim.no/contentassets/02bfbbef416f4014b043e74b8405fa97/annual-report-2018-government-pension-fund-global.pdf (Abruf vom 09.03.2019; Dok. 17).

werden. Voraussetzung für eine Investition ist hier, dass diese durch ein Portfolio von Hypothekendarlehen gesichert ist. Darüber hinaus werden die Anlagen vorab durch eine Bonitätsprüfung überprüft.[37]

2.3.3 Immobilien, eine immer wichtiger werdende Anlageklasse des Fonds

Seit 2010 besteht die Anlageklasse der Immobilien. Die NBIM wurde vom Finanzministerium beauftragt, eine Immobilienquote von bis zu sieben Prozent des Fonds zu erreichen. Ziel ist die Verteilung der Risiken auf weitere Anlageklassen. Angestrebt wird, bis zum Ende des Strategiezeitraums am Jahresende 2019 eine Immobilieninvestitionsvolumen in Höhe von vier Prozent des Fonds vorweisen zu können.[38] Vor einer Investition wird eine Due-Diligence-Prüfung abgehalten: diese dient dem Abbau von Informationsasymmetrien zwischen Käufer und Verkäufer und beinhaltet, die Zusammenstellung und Überprüfung aller eventuell auftretenden Risiken und Chancen, welche sich aus dem Kauf ergeben.[39] Der wichtigste Anteil entfällt auf Immobilien im Bürobereich, welche eine sehr gute Lage vorweisen können. Eine gute Lage wird anhand einiger Eigenschaften ausgemacht, wie zum Beispiel einem transparenten Immobilienmarkt und einen ausreichend gegebenen Bevölkerungs- und Wirtschaftswachstum. So belaufen sich 59,3 Prozent der Investments in Bürogebäude, 18 Prozent in Einzelhandelsgebäude und 21,6 Prozent in Logistikgebäude.[40] Durch diese Kriterien wird gewährleistet,

---

[37] Vgl. Norges Bank Investment Management: Fixed-income management, Oslo 2018, S. 1, URL: https://www.nbim.no/en/the-fund/how-we-invest/fixed-income-management/ (Abruf vom 09.03.2019; Dok. 31).

[38] Vgl. Norges Bank Investment Management: GPFG – Real estate management, Oslo 2019, S. 1-3, URL: https://www.nbim.no/en/publications/submissions-to-ministry/2019/gpfg---real-estate-management/ (Abruf vom 09.03.2019; Dok. 32).

[39] Vgl. Junker, Andy; Griebsch, Jürgen: Due Diligence: Möglichkeit zur Standardisierung des Prozesses zur Unternehmenswertsteigerung?, Wiesbaden 2017, S. 1, URL: https://webvpn.hs-rm.de/sslvpn/PT/https://link.springer.com/chapter/10.1007/978-3-658-16430-0_6 (Abruf vom 09.03.2019; Dok. 33).

[40] Vgl. Norges Bank Investment Management: Annual Report 2018, Oslo 2018, S. 128, URL: https://www.nbim.no/contentassets/02bfbbef416f4014b043e74b8405fa97/annual-report-2018-government-pension-fund-global.pdf (Abruf vom 09.03.2019; Dok. 17).

dass sich über die Zeit der Marktwert der Objekte steigert und ein steter Mietertrag zustande kommt. Bei der Auswahl der Immobilien verlässt man sich auf die Expertise lokaler Makler. Dies geschieht durch Partnerschaften mit Unternehmen im jeweiligen Land.[41]

3 Ethische Richtlinien und zukünftige Gefahren

Der norwegische Staatsfonds hält sich an drei internationale Standards und Prinzipien bezüglich Umwelt-, Sozial- und Governance-Überlegungen. Hierunter zählen die OECD-Richtlinien, welche ein verantwortungsvolles Verhalten der Unternehmen fördern. Deren Umsetzung erfolgt freiwillig. Die Standards haben das Ziel, einen positiven Beitrag zu den wirtschaftlichen, ökologischen und sozialen Bedingungen weltweit zu leisten. Die Unternehmen werden ermutigt und dazu angehalten, keine negativen Auswirkungen auf die Umwelt oder soziale Aspekte zu verursachen oder dazu beizutragen, dass diese durch das eigene Engagement gefördert werden. Die zweite Richtlinie ist der „UN Global Compact". Auch diese ist nicht rechtsverbindlich; die Einhaltung erfolgt freiwillig. Die Richtlinie umfasst zehn Prinzipien, welche sich mit der Einhaltung von Menschenrechten und Arbeitsrechten sowie mit der Umwelterhaltung und der Korruptionsbekämpfung befassen. Bei den Grundsätzen der G20/OECD geht es um Transparenz und die gerechte Offenlegung in den Unternehmen sowie um die gerechte Behandlung der Aktionäre und die Stärkung der Verantwortlichkeiten des Verwaltungsrates.[42] Seit 2004 handelt der Fonds nach diesen ethischen Richtlinien, die sich um die Klimawandel-Bekämpfung, die Wasserverwaltung und die Einhaltung der Rechte von Kindern bemühen. Hierfür wurde von der Norges Bank ein Ethikrat gegründet,

---

[41] Vgl. Norges Bank Investment Management: Real estate Management, Oslo 2017, S. 2, URL: https://www.nbim.no/en/the-fund/how-we-invest/real-estate-management/ (Abruf vom 09.03.2019; Dok. 34).

[42] Vgl. Norwegian Ministry of Finance: Meld. St. 13 (2017-2018) Report to the Storting (white paper), Oslo 2018, S. 56-59, URL: https://www.regjeringen.no/contentassets/569f03a08ee74350b3778fdbb24dd406/en-gb/pdfs/stm201720180013000engpdfs.pdf (Abruf vom 09.03.2019; Dok. 15).

der nicht nur neue Investments, sondern auch das bestehende Portfolio überprüft. Sollten gegen Unternehmen Vorwürfe aufkommen und diese auf verlässlichen Fakten und Quellen beruhen, prüft dies der Ethik Rat und beantragt den Ausschluss des jeweiligen Unternehmens. Hierbei wird dem Finanzministerium eine Empfehlung vorgelegt. Sollte diese plausibel sein, beauftragt das Ministerium die NBIM die Anteile des Unternehmens zu verkaufen.[43] Die Richtlinien, welche die Kinderrechte unterstützen, gelten für den norwegischen Staatsfonds bereits seit 2008 und orientieren sich an den Leitprinzipien der Vereinten Nationen.[44] Abgesehen von den oben genannten Richtlinien distanziert sich der Staatsfonds auch von Unternehmen, welche dem Waffensektor angehören. Hierunter fallen nicht nur Waffenhersteller, sondern auch deren Zulieferer, wenn diese Schlüsselkomponenten für die Waffenproduktion herstellen oder entwickeln. Seit 2009 sind auch Tabakunternehmen von der Investition ausgeschlossen. Darüber hinaus werden auch Unternehmen, welche 30 Prozent oder mehr ihres Einkommens aus Thermalkohle beziehen, nicht mehr in den Fonds aufgenommen.[45]

4 Performance des norwegischen Staatsfonds

4.1 Gesamtertrag des Fonds

Die Fondsrendite des norwegischen Staatsfonds beträgt seit dem 01.01.1998 durchschnittlich 5,47 Prozent im Jahr. Bereinigt man diese Größe um die jährliche

[43] Vgl. Council on Ethics for the Government Pension Fund Global: Guideline for observation and exclusion of companies from the Government Pension Fund Global, Oslo 2017, S. 2-4, URL: https://etikkradet.no/files/2017/04/Etikkraadet_Guidelines-_eng_2017_web.pdf (Abruf vom 09.03.2019; Dok. 35).

[44] Vgl. Norges Bank Investment Management: Children's rights, Oslo 2016, S. 1-2, URL: https://www.nbim.no/en/the-fund/responsible-investment/risk-management/childrens-rights/ (Abruf vom 09.03.2019; Dok. 36).

[45] Vgl. Norwegian Ministry of Finance: Meld. St. 13 (2017-2018) Report to the Storting (white paper), Oslo 2018, S. 62, URL: https://www.regjeringen.no/contentassets/569f03a08ee74350b3778fdbb24dd406/en-gb/pdfs/stm201720180013000engpdfs.pdf (Abruf vom 09.03.2019; Dok. 15 der CD).

Preisinflation und um die jährlichen Verwaltungskosten, erhält man eine Nettorendite von 3,56 Prozent.[46] Der Fonds schlug seit Gründung den Markt um insgesamt 13,01 Milliarden US-Dollar.[47] Im Jahr 2017 wurde die bisherige Rekordrendite von umgerechnet 118,91 Milliarden US-Dollar erzielt. Dies lag vor allem an dem guten Abschneiden der Aktien am Kapitalmarkt mit einer Rendite von 20 Prozent, jedoch spielten auch Faktoren wie zum Beispiel Kursschwankungen eine Rolle. So profitierte das Ergebnis auch von dem schwachen Kurs der norwegischen Krone.[48] Damit der GPFG international vergleichbar wird, berechnet die NBIM die Rendite anhand des „Global Investment Performance Standard" (GIPS). Hierbei wird die „Fair Value Methode" angewandt. Durch die Einhaltung dieses globalen Standards ist eine weltweite Vergleichbarkeit gegeben, was die Zielsetzung der Transparenz des Fonds untermauert. [49] Im abgelaufenen Jahr 2018 wurde das viertschlechteste Ergebnis des Fonds erzielt, mit einer negativen Rendite von minus 6,1 Prozent. Hierbei fiel die Aktienrendite mit minus 9,5 Prozent am meisten ins Gewicht, während die Anlageklassen der Immobilien mit einer Rendite von 7,5 Prozent und die der festverzinslichen Wertpapiere mit einer Rendite von 0,6 Prozent das Ergebnis noch etwas anhoben. Die Spanne des Fonds reichte so von seinem Tief im März 2018 mit 905,93 Milliarden US-Dollar zu einem Hoch im August von 995,70 Milliarden US-Dollar.[50]

---

[46] Norges Bank Investment Management: Returns, Oslo 2019, S. 2,10, URL: https://www.nbim.no/en/the-fund/returns/ (Abruf vom 09.03.2019; Dok. 37).

[47] Vgl. Bloomberg, Oslo: Glückliches Händchen, Frankfurt am Main 2018, S.1, URL: https://www.boersen-zeitung.de/index.php?li=1&artid=2018010009&titel=Glueckliches-Haendchen (Abruf vom 09.03.2019; Dok. 38).

[48] Vgl. „o. V.": Staatsfonds erzielt Rekordrendite, Frankfurt am Main 2018, S.1, URL: https://www.boersen-zeitung.de/index.php?li=1&artid=2018041027&titel=Staatsfonds-erzielt-Rekordrendite (Abruf vom 09.03.2019; Dok. 39).

[49] Vgl. CFA Institute: Global Investment Performance Standards (GIPS), Charlottesville 2010, S. 11, URL: https://www.gipsstandards.de/fileadmin/pdf/Gips2010-Deutsch.pdf (Abruf vom 09.03.2019; Dok. 40).

[50] Vgl. Norges Bank Investment Management: Annual Report 2018, Oslo 2018, S. 68 URL: https://www.nbim.no/contentassets/02bfbbef416f4014b043e74b8405fa97/annual-report-2018-government-pension-fund-global.pdf (Abruf vom 09.03.2019; Dok. 17).

4.2 Entwicklung des Zugpferds des Fonds: Aktien

Die wichtigste Anlageklasse des Fonds ist die der Aktien. Diese fällt mit 66,3 Prozent des Fondsanteils ins Gewicht, was 623,97 Milliarden US-Dollar entspricht. Aufgrund der niedrigen Zinsen, der langfristigen Ausrichtung des Fonds und der guten Wertentwicklung der letzten Jahre wurde die Entscheidung getroffen, die Aktienquote auf 70 Prozent zu erhöhen. So konnte seit dem 01.01.1998 eine Rendite von 5,31 Prozent erzielt werden. Die Benchmark, welche seit 1999 eine Rendite von 4,87 Prozent erreichte, konnte somit 0,44 Prozentpunkte geschlagen werden. Im Jahr 2018 wurde ein Minus von 9,49 Prozent erzielt, was das viertschlechteste Ergebnis dieser Anlageklasse seit 1998 darstellt. Die Verluste in der Aktienklasse sind laut Yngve Slyngstad, CEO der NBIM, auf die Befürchtungen eines aufkommenden Handelsstreits und die daraus folgende Verunsicherung am Aktienmarkt zurückzuführen. Durch die hohe Volatilität der Aktien sind die vorliegenden Zahlen jedoch nicht weiter beunruhigend.[51] Dies erkennt man, wenn man sich die einzelnen Quartale des Jahres 2018 anschaut: Im ersten Quartal wurde ein Minus von 2,2 Prozent in der Aktienklasse erzielt.[52] In Quartal zwei holten die schwachen Aktienmärkte aus Quartal eins wieder auf, sodass eine positive Rendite von 2,7 Prozent erwirtschaftet werden konnte.[53] Quartal drei profitierte vor allem von den hohen Unternehmensgewinnen in den Vereinigten Staaten und erwirtschaftete eine Rendite von 3,1 Prozent.[54] Das schlechte Abschneiden im vierten Quartal ist unter anderem mit dem

---

[51] Vgl. Norges Bank Investment Management: Annual Report 2018, Oslo 2018, S. 5,11,19,50 URL: https://www.nbim.no/contentassets/02bfbbef416f4014b043e74b8405fa97/annual-report-2018-government-pension-fund-global.pdf (Abruf vom 09.03.2019; Dok. 17).

[52] Vgl. Norges Bank Investment Management: 1Q/18 Government Pension Fund Global Quarterly Report/2018, Oslo 2018, S. 3, URL: https://www.nbim.no/contentassets/2d7320021b0e40b7bb6a45c3d827a635/government-pension-fund-global---1q-2018-report.pdf (Abruf vom 09.03.2019; Dok. 41).

[53] Vgl. Norges Bank Investment Management: 2Q/18 Government Pension Fund Global Quarterly Report/2018, Oslo 2018, S. 3, URL: https://www.nbim.no/contentassets/3be3c2fb7bd540598e8cb3311318108e/government-pension-fund-global---quarterly-report-2q-2018.pdf (Abruf vom 09.03.2019; Dok. 42).

[54] Vgl. Norges Bank Investment Management: 3Q/18 Government Pension Fund Global Quarterly Report/2018, Oslo 2018, S. 3, URL: https://www.nbim.no/contentassets/6ca8926d402d484b85569addb7697992/gpfg-3q-2018-quarterly-report.pdf (Abruf vom 09.03.2019; Dok. 43).

Handelskonflikt zwischen den USA und China, mit der Gefahr eines „harten Brexit“ sowie mit den Protesten der „Gelbwesten“ in Frankreich und der daraus folgenden Unsicherheit am Markt zu erklären.[55] Die Vereinigten Staaten haben mit einem Anteil von 38,8 Prozent des Aktienanteils die größte Gewichtung im Fonds. Diese erbrachten im Jahr 2018, eine negative Rendite von 3,0 Prozent. Europäische Investments, welche einen Anteil von 34 Prozent haben, erzielten ein Minus von 13,5 Prozent. Geht man nicht von einer länderspezifischen Diversifikation aus, sondern schaut sich die einzelnen Branchen an, so schnitt der Sektor der Rohstoffe mit einem Minus von 15,5 Prozent am schlechtesten ab. Dieser macht jedoch nur fünf Prozent des Aktienportfolios aus. Der größte Sektor ist der Finanzsektor mit einem Anteil von 23,7 Prozent, welcher ein Minus von 12,7 Prozent erwirtschaftete. Die einzigen Sparten, die positiv abschneiden konnten, waren das Sparten Gesundheitswesen mit einer Rendite von 1,8 Prozent und die Branche der Versorgungsbetriebe mit einer Rendite von 1,7 Prozent.[56]

4.3 Der Stabilitätsfaktor: festverzinsliche Wertpapiere

Die Vorteile der festverzinslichen Anlagen lassen sich gut erkennen, wenn man sich die Renditen der letzten Jahre anschaut. So wurde seit Bestehen des Fonds nur in zwei Jahren eine negative Rendite erwirtschaftet. Diese war mit einem Minus von 0,99 Prozent im Jahr 1999 und einem Minus von 0,54 Prozent im Jahr 2008 jedoch nicht mit dem Minus bei den Aktien, beispielsweise im Jahr 2008 mit 40,71 Prozent, zu vergleichen.[57] Die Rendite, welche seit dem Jahr 1998 jedes Jahr durchschnittlich erzielt wurde, beträgt 4,56 Prozent. Die Benchmark wurde in

---

[55] Vgl. Harr, Christian: Das vierte Börsen-Quartal 2018 im Rückblick, Luxemburg 2019, S.1, URL: https://www.investify.com/journal-boersen-und-marktentwicklung/das-vierte-quartal-2018-im-rueckblick (Abruf vom 09.03.2019; Dok. 44).

[56] Vgl. Norges Bank Investment Management: Annual Report 2018, Oslo 2018, S. 38,41, URL: https://www.nbim.no/contentassets/02bfbbef416f4014b043e74b8405fa97/annual-report-2018-government-pension-fund-global.pdf (Abruf vom 09.03.2019; Dok. 17).

[57] Vgl. Norges Bank Investment Management: Annual Report 2018, Oslo 2018, S. 19, URL: https://www.nbim.no/contentassets/02bfbbef416f4014b043e74b8405fa97/annual-report-2018-government-pension-fund-global.pdf (Abruf vom 09.03.2019; Dok. 17).

diesem Zeitraum um 0,15 Prozentpunkte übertroffen.[58] Darüber hinaus sind die festen Zinszahlungen und die niedrige Volatilität der Grund, weshalb die festverzinslichen Wertpapiere mit 30,7 Prozent des Fondsvermögens das zweite Standbein des norwegischen Staatsfonds darstellen. Die Rendite des Jahres 2018 belief sich auf 0,6 Prozent. Der größte Teil der Asset-Klasse ist mit 56,6 Prozent in Staatsanleihen investiert. Die drei größten Beteiligungen machen hierbei die USA, Japan und deutsche Staatsanleihen aus, welche 2018 eine Rendite von 1,5 Prozent erzielten. Unternehmensanleihen verzeichneten ein Minus von 0,4 Prozent.[59]

4.4 Performance der neuesten Kategorie: Immobilien

Im Jahr 2011 wurde die Anlageklasse der Immobilien in das Portfolio des GPFG aufgenommen. Diese erwirtschaftete bis 2019 eine jährliche durchschnittliche Rendite von 6,4 Prozent. Die Rendite im Jahr 2018 von 7,5 Prozent zeigt die weitestgehende Unabhängigkeit gegenüber der Anlageklasse der Aktien. Wichtigste Größen im Immobiliensektor sind unter anderem der Mietertrag, die laufenden Kosten und die Wertschwankungen der Immobilien.[60] Der Mietertrag steigt von Jahr zu Jahr an: In 2017 waren es noch 6,03 Milliarden US-Dollar, im Jahr 2018 bereits 7,86 Milliarden US-Dollar.[61] Die Einnahmen sind, wie auch die festen Zahlungen bei den festverzinslichen Wertpapieren, wichtig, da sie einen steten Geldfluss für den Fonds garantieren.

---

[58] Vgl. Norges Bank Investment Management: Returns, Oslo 2019, S. 17, URL: https://www.nbim.no/en/the-fund/returns/ (Abruf vom 09.03.2019; Dok. 37).

[59] Vgl. Norges Bank Investment Management: Annual Report 2018, Oslo 2018, S. 54, 57, URL: https://www.nbim.no/contentassets/02bfbbef416f4014b043e74b8405fa97/annual-report-2018-government-pension-fund-global.pdf (Abruf vom 09.03.2019; Dok. 17).

[60] Vgl. Norges Bank Investment Management: Annual Report 2018, Oslo 2018 S. 46,47, URL: https://www.nbim.no/contentassets/02bfbbef416f4014b043e74b8405fa97/annual-report-2018-government-pension-fund-global.pdf (Abruf vom 09.03.2019; Dok. 17).

[61] Vgl. Norges Bank Investment Management: Returns, Oslo 2019, S. 9, URL: https://www.nbim.no/en/the-fund/returns/ (Abruf vom 09.03.2019; Dok. 37).

5 Diskussion über die Performance

Im Jahr 2018 schloss der Fonds im Vergleich zum vom Finanzministerium festgelegten Vergleichsindex um 0,3 Prozentpunkte schlechter ab. Oeystein Olsen der Vorstandsvorsitzende der NBIM, äußerte sich zu diesem Ergebnis so, dass die Performance zwar in 2018 nicht gut gewesen sei, auf lange Sicht würde aber die Rendite des Referenzindexes um 0,25 Prozentpunkte geschlagen.[62] Die Überrendite im Vergleich zu der Benchmark, welche seit Bestehen des Fonds durch das aktive Management erzielt werden konnte, beläuft sich auf circa 12,73 Milliarden US-Dollar.[63] Wie in Kapitel drei beschrieben versucht der GPFG, Unternehmen bezüglich Klimawandel, Wasserverwaltung und Kinderrechte zu sensibilisieren und ihnen potenzielle Wagnisse aufzeigen, die eine Verschlechterung des Weltklimas oder die nachhaltige Verschmutzung von Wasser nach sich ziehen würden. Diese Vorgaben sind nicht nur aus der Verpflichtung gegenüber der Umwelt und den Kindern entstanden, sondern dienen im Sinne der Nachhaltigkeit und der Zukunftsorientierung natürlich auch dem Schutz des „eigenen" Fonds. Yngve Slyngstad gab in einem Interview an, dass die Märkte nicht perfekt seien und negative Externalitäten, etwa der Kohlendioxidausstoß oder die Wasserverschmutzung, nicht im Aktienkurs eingepreist seien. Sollten aufgrund staatlicher Regulierung Schadenersatzforderungen auf die Unternehmen zukommen, hätte dies auch direkte Konsequenzen für den norwegischen Staatsfonds.[64] Um seine Richtlinien durchzusetzen, kann der Fonds nicht nur auf „weiche" Handlungsmaßnahmen wie den Dialog mit den Unternehmen und die Forderung nach Offenlegung kritischer Geschäftszweige zurückgreifen, sondern er kann auch direkt handeln und Unternehmen aus dem Portfolio herausnehmen

---

[62] Vgl. Norges Bank Investment Management: Annual Report 2018, Oslo 2018, S. 12, URL: https://www.nbim.no/contentassets/02bfbbef416f4014b043e74b8405fa97/annual-report-2018-government-pension-fund-global.pdf (Abruf vom 09.03.2019; Dok. 17).

[63] Vgl. Cash: Norwegens Staatsfonds schlägt den Markt deutlich, Zürich 2018, S. 1, URL: https://www.cash.ch/news/politik/anlageerfolg-norwegens-staatsfonds-schlaegt-den-markt-deutlich-1135821 (Abruf vom 10.03.2019; Dok. 45).

[64] Vgl. Balzter, Sebastian: Hier spricht der größte Aktionär der Welt, Frankfurt am Main 2016, S. 2, URL: https://www.faz.net/aktuell/finanzen/fonds-mehr/interview-mit-yngve-slyngstad-hier-spricht-der-groesste-aktionaer-der-welt-14056136-p2.html (Abruf vom 10.03.2019; Dok. 46).

beziehungsweise erst gar nicht in bestimmte Unternehmen investieren. Hier sind beispielhaft Airbus und Boeing zu nennen, welche unter anderem Komponenten für Waffen herstellen (Produktion für Atomwaffen).[65] Seit 2009 ist auch die Tabakindustrie ausgeschlossen: So wurden im Jahr 2009 vom Ethikrat 17 Tabakunternehmen benannt, in welche der Fonds bereits investierte. Nach Beratung des Finanzministeriums mit der NBIM wurden die bestehenden Investments in einer Höhe insgesamt circa 1,66 Milliarden US-Dollar aus den 17 Tabakunternehmen abgezogen.[66] Nun stellt sich die Frage, ob die ethischen Richtlinien die Performance-Einbußen rechtfertigen, da der Fonds ja eigentlich als Hauptinteresse die finanzielle Unabhängigkeit nachfolgender Generationen von Ressourcen wie Erdöl und Erdgas hat. Dass die Tabakindustrie ein sehr profitabler Wirtschaftszweig ist, lässt sich an der Performance des „MSCI World/Tobacco", welcher zu 100 Prozent aus Unternehmen der Tabakindustrie besteht, aufzeigen. In Abbildung eins (MSCI World Tobacco Index) sieht man die deutliche Outperformance, welche der „MSCI World Tobacco Index" im Vergleich zum „MSCI World" aufweist.[67]

Abbildung 1. MSCI World Tobacco Index (USD), (2004-2019). Graph from MSCI
Quelle: https://www.msci.com/documents/10199/60e06c7e-e189-4193-b7d4-fcee21c3c2fa

---

65 Vgl. Norges Bank Investment Management: Observation and exclusion of companies, Oslo 2018, S. 2, URL: https://www.nbim.no/en/the-fund/responsible-investment/exclusion-of-companies/ (Abruf vom 10.03.2019; Dok. 47).

66 Vgl. Council on Ethics: To the Ministry of Finance, Recommendation, Oslo 2009, S. 2, URL: https://etikkradet.no/files/2017/02/Rec-tobacco-English2009.pdf (Abruf vom 10.03.2019; Dok. 48).

67 Vgl. MSCI: MSCI World Tobacco Index (USD), 2019, S.1, URL: https://www.msci.com/documents/10199/60e06c7e-e189-4193-b7d4-fcee21c3c2fa (Abruf vom 10.03.2019; Dok. 49).

Seit 2016 investiert auch der AXA-Konzern nicht mehr in die Tabakbranche. Dies ist eine interessante Parallele, da der AXA-Konzern „kurzfristig", nämlich für die heutigen Versicherungsnehmer, eine Versorgung im Alter sicherstellen muss. Bei der AXA-Gesellschaft sehen viele Experten den Schritt, Performance gegen ethische Investments zu tauschen, als kritisch an, da solche Entscheidungen in letzter Linie die Versicherungsnehmer (im Falle des AXA Konzerns) wie auch die künftigen Generationen Norwegens betreffen.[68] Seit 2017 verkauft der norwegische Staatsfonds nun auch seine Ölaktien, welche sich auf einen Wert von 35 Milliarden US-Dollar belaufen. Hier wird jedoch weniger mit den ethischen Richtlinien (Umweltverschmutzung durch die Ölförderung) argumentiert als vielmehr damit, dass sich die Wirtschaftsleistung Norwegens bereits in einer großen Abhängigkeit vom Öl befinde und diese nicht noch zusätzlich ausgebaut werden solle, indem man auch noch ein Kapitalmarktrisiko eingeht.[69] Ohne die ethischen Richtlinien hätte der Fonds zwischen 2006 und 2016 eine um 1,1 Prozent bessere Rendite erwirtschaften können, was circa einem Wert von 1,46 Milliarden US-Dollar entspricht. Den größten Teil stellt hierbei der Ausschluss der Tabakfirmen dar: hier hätte eine zusätzliche Rendite von 1,16 Prozentpunkten erzielt werden können. Die Desinvestition der waffenproduzierenden Unternehmen schlägt mit 0,75 Prozent zu Buche. Der beschlossene Ausstieg aus der Branche der Kohlegewinnung erbrachte sogar ein Performance-Plus von 0,78 Prozentpunkten.[70] Jedoch sind etwaige Verluste kein Argument für Yngve Slyngstad: Der Fondschef beruft sich darauf, dass der Fonds den Bewohnern Norwegens gehöre, und die

---

[68] Vgl. Reiche, Lutz: Axa gibt kein Geld mehr für Kippen, Frankfurt am Main 2016, S. 2, URL: http://www.manager-magazin.de/unternehmen/artikel/axa-steigt-aus-finanzierung-von-tabakkonzernen-aus-a-1093711.html (Abruf vom 10.03.2019; Dok. 50).

[69] Vgl. Haidt Egmond: Weltgrößter Staatsfonds will aus Ölaktien aussteigen, München 2017, S. 1-2, URL: https://www.finanzen100.de/finanznachrichten/wirtschaft/ruhe-bewahren-weltgroesster-staatsfonds-will-aus-oelaktien-aussteigen_H918454903_507710/ (Abruf vom 10.03.2019; Dok 51).

[70] Vgl. Becker, Kurt: Ethik als Performancekiller: Norwegischer Staatsfonds wird umgebaut, Wien 2017, S. 1-2, URL: https://www.institutional-money.com/news/maerkte/headline/ethik-als-performancekiller-norwegischer-staatsfonds-wird-umgebaut-134944/ (Abruf vom 10.03.2019; Dok. 52).

Bevölkerung stehe fest dahinter, dass keine Bereicherung durch Unternehmen, welche Menschen das Leben koste akzeptabel sei.[71]

6 Bedeutung des norwegischen Staatsfonds für den Kapitalmarkt

Für Unternehmen am Kapitalmarkt ist ein Investment durch den norwegischen Staatsfonds aufgrund mehrerer Faktoren erstrebenswert. Dank der Transparenz des Fonds wissen die Kapitalmarktteilnehmer, dass der norwegische Staatsfonds in langfristig erfolgreiche Unternehmen investiert. Dies nehmen andere Investoren zum Anlass für Ihre Entscheidungen und folgen mit ihren Investments. Sollte der norwegische Staatsfonds sich entschließen, aus einem Unternehmen zu desinvestieren, besteht – zumindest ab einer gewissen Größenordnung des Investments - die Gefahr eines Dominoeffektes: Es kann eine Art Herdentrieb entstehen, in dem andere Anleger ebenfalls ihre Investments abziehen; ein Einbruch des Aktienkurses könnte die Folge sein.[72] Ein weiteres Indiz für die Macht des norwegischen Staatsfonds ist, dass der Fonds aktiv an der Unternehmensleitung teilnimmt: zum einen durch ständigen Kontakt mit dem Management, zum anderen auch durch die Nutzung der Stimmrechte während der Hauptversammlungen. Da es nicht möglich ist, stets an den Hauptversammlungen von mehr als 9.000 Unternehmen teilzunehmen und individuell für jedes Unternehmen so zu stimmen, wie es sich der Fonds beziehungsweise das Finanzministerium wünscht, wurden Abstimmungsrichtlinien entworfen, die die grobe Ausrichtung der vom Fonds verfolgten, Ziele vorgeben. Hierunter zählt als Hauptmerkmal die langfristige Wertschöpfung. Jedoch werden auch nachhaltige Geschäftspraktiken, die

---

[71] Vgl. Kwasniewski, Nicolai: Ethisches Investieren kostet Rendite, Hamburg 2017, S.1, URL: http://www.spiegel.de/wirtschaft/soziales/norwegens-staatsfonds-ethik-richtlinien-kosten-milliarden-a-1139803.html (Abruf vom 06.03.2019; Dok. 4).

[72] Vgl. Kern, Steffen: Staatsfonds und Investitionspolitik – der aktuelle Stand, Frankfurt am Main 2009, S. 16, URL: https://webvpn.hs-rm.de/sslvpn/PT/https://www.dbresearch.de/PROD/RPS_DE-PROD/PROD0000000000463228/Staatsfonds_und_Investitionspolitik_%C2%96_der_aktuelle.pdf (Abruf vom 10.03.2019; Dok. 53).

Rechenschaftspflicht des Vorstands, Aktionärsrechte, die Gleichbehandlung der Aktionäre sowie eine transparente Unternehmenskommunikation verlangt.[73] So sagte der CEO der NBIM, Yngve Slyngstad: „Als Investor sind wir auf eine gute Offenlegung angewiesen, um die Unternehmen zu analysieren, in die wir investieren. Es bedarf einer verbesserten Offenlegung der Nachhaltigkeit, die über die regelmäßige Finanzberichterstattung hinausgeht."[74] Ein Beispiel hierfür ist, dass der Fonds sich für eine Gehaltsbeschränkung für die CEOs der Unternehmen einsetzt. Diese Forderung hat der Staatsfonds in seine Richtlinien aufgenommen und angekündigt, dass notfalls das Stimmrecht gegen die Unternehmensvorschläge gewandt wird.[75] So forderte die NBIM bereits seit knapp zehn Jahren von VW eine verantwortungsvollere Unternehmensführung. Dies und der „Dieselskandal" im Jahr 2016 führten die NBIM dazu, ihren eine Milliarde Euro schweren Anteil an Volkswagen von 1,32 Prozent auf 0,77 Prozent zu verringern.[76] Auch fordert der norwegische Staatsfonds mehr Branchenwissen, Unabhängigkeit und Sorgfalt von den Aufsichtsräten. Der Aufsichtsrat hat wichtige Funktionen wie die Ausrichtung der Unternehmensstrategie, die Überwachung der Managementleistung sowie die Rechenschaftspflicht gegenüber den Aktionären, welche den langfristigen Erfolg des Unternehmens unterstützen.[77] Die Auswirkungen, die der Fonds insgesamt auf den Kapitalmarkt hat, werden deutlich, wenn man die gesamten Abstimmungen in 2018 von insgesamt 113.546 Beschlüssen betrachtet. Der Fonds ist an der Wahl von jährlich 60.000 Aufsichtsratsmitgliedern beteiligt. Hier wird sichtbar, dass der

---

[73] Vgl. Norges Bank Investment Management: Voting guidelines, Oslo 2016, S. 1-3, URL: https://www.nbim.no/en/the-fund/responsible-investment/our-voting-records/voting-guidelines2/ (Abruf vom 10.03.2019; Dok. 54).

[74] Vgl. Falkner, Jutta: Norwegens Staatsfonds formuliert Erwartungen als Anleger, Berlin 2018, S. 3, URL: http://www.businessportal-norwegen.com/2018/09/06/norwegens-staatsfonds-formuliert-erwartungen-als-anleger/ (Abruf vom 10.03.2019; Dok. 55).

[75] Vgl. Weitmayr, Hans: Norwegischer Staatsfonds macht Druck auf CEOs, Wien 2017, S. 1-2, URL: https://www.institutional-money.com/news/maerkte/headline/norwegischer-staatfonds-macht-druck-auf-ceos-139039/ (Abruf vom 10.03.2019; Dok. 56).

[76] Vgl. Märkl, Maximilian: Norwegischer Staatsfonds halbiert VW-Anteile, München 2019, S.1, URL: https://citywire.de/news/norwegischer-staatsfonds-halbiert-vw-anteile/a1205605 (Abruf vom 10.03.2019; Dok. 57).

[77] Vgl. Falkner, Jutta: Norwegens Staatsfonds GPFG formuliert Ansprüche an Zusammensetzung von Aufsichtsräten, Berlin 2018, S.3, URL: http://www.businessportal-norwegen.com/2018/10/29/norwegens-staatsfonds-gpfg-formuliert-ansprueche-an-zusammensetzung-von-aufsichtsraeten/ (Abruf vom 10.03.2019; Dok. 58).

norwegische Staatsfonds durch die Vielzahl der Abstimmungen eine signifikante Richtung des Marktes vorgibt und damit seinen Einfluss hin zu mehr Verantwortlichkeit im Hinblick auf die Umwelt und die Menschenrechte ausübt.[78] Selbstverständlich sind die Regularien, welche der norwegische Staatsfonds umsetzt, nicht nur aus Interesse am Wohlergehen der anderen Marktteilnehmer entstanden. Vielmehr ist es eine Art Absicherung, dass die Finanzmärkte gut funktionieren. Dies ist für das Erreichen des langfristigen Ziels, nämlich des Wohlstands künftiger Generationen, wichtig. Die langfristige Rendite, welche der Fonds erreichen will, hängt von dem langfristigen Wachstum der Finanzmärkte ab. Hierfür liegt es im Interesse aller Marktteilnehmer sich für einen stabilen Finanzmarkt einzusetzen. Durch den Einsatz für mehr Transparenz in den Unternehmen werden Informationsasymmetrien verringert, welche eine Verringerung der Such- und Transaktionskosten nach sich zieht. So beschreibt der Fonds selbst, dass er durch ausreichend Zeit, Ressourcen und zeitnahes Engagement die Funktion der Märkte positiv beeinflussen kann.[79]

7 Fazit und Ausblick

Der langfristige Erfolg des norwegischen Staatsfonds spricht für sich. Er beweist, dass die Strategie und die Strenge, mit welcher der Fonds geführt wird, einen Mehrwert für die künftigen Generationen schafft. Die durchdachten Investments und die gründliche Analyse der Anlageklassen wie auch die breite Diversifikation sind die Bausteine, welche die langfristige Performance sichern. Über die ethischen Richtlinien lässt sich streiten. Klar ist, dass man nicht mit Unternehmen, welche mit der Herstellung von Waffen oder der Ausnutzung von Kindern Geld verdienen,

[78] Vgl. Norges Bank Investment Management: Responsible investment, Oslo 2019, S. 49, URL: https://www.nbim.no/contentassets/e1632963319146bbb040024114ca65af/responsible-investment_2018.pdf (Abruf vom 10.03.2019; Dok. 59).
[79] Vgl. Norges Bank Investment Management: Well-functioning financial markets, Oslo 2012, S. 1, URL: https://www.nbim.no/en/publications/discussion-notes/2012/well-functioning-financial-markets/ (Abruf vom 10.03.2019; Dok. 60).

zusammenarbeiten will. Andererseits sind die guten Renditen der Tabakindustrie zu beachten. Diese Unternehmen unterliegen bereits scharfen Hinweispflichten, in welchen sie auf die Gefahren des Rauchens aufmerksam machen müssen. Jeder einzelne Bürger hat daher die freie Wahl, ob er sich diesem Risiko aussetzt. Vor diesem Hintergrund würde ich gerade die renditestarke Tabakindustrie nicht außen vorlassen. Des Weiteren hat jeder Raucher die freie Wahl, sich diesem Risiko auszusetzen. Es wäre es vermutlich sinnvoller, weiterhin Teilhaber der Unternehmen zu sein, die guten Renditen mitzunehmen und aktiv zu versuchen, durch die Mitbestimmungsrechte Einfluss auf die Unternehmen zu nehmen.[80] Die NBIM könnte sich so beispielsweise für eine noch aktivere Aufklärung über die Gefahren des Rauchens einsetzen. Der Ausschluss von Unternehmen, welcher aufgrund schwerer Umweltschäden vorgenommen wird, ist hingegen nachzuvollziehen. Hier muss durch Druck auf die Unternehmen erreicht werden, dass nachhaltiger mit der Umwelt umgegangen wird, da dies langfristig für einen stabilen Finanzmarkt und natürlich für eine lebenswerte Umwelt sorgt. Wie bereits in Kapitel drei dargestellt ist der Ausschluss der Unternehmen auch im langfristigen Sinne des GPFG, da nicht mit Sicherheit gesagt werden kann, inwieweit die Unternehmen zu Schadenersatzansprüchen zur Rechenschaft gezogen werden, was sich nachteilig auf den GPFG auswirken würde. Aufzupassen, dass sich die NBIM nicht durch immer strenger werdende Vorschriften zu sehr in ihrer Freiheit beschneidet, ist wichtig. da zu starre Regeln die Performance-Möglichkeiten einschränken und auf Dauer Geld kosten. So kann es durchaus sein, dass zukünftig auch beispielsweise alkoholherstellende Unternehmen von den Richtlinien betroffen sein werden.[81]

---

[80] Vgl. Böcking, David: Raus aus den schmutzigen Aktien, Hamburg 2015, S. 2-3, URL: http://www.spiegel.de/wirtschaft/unternehmen/divestment-klimaaktivisten-suchen-nach-kohle-investitionen-a-1055650.html (Abruf vom 10.03.2019; Dok. 61).

[81] Vgl. Becker, Kurt: Ethik als Performancekiller: Norwegischer Staatsfonds wird umgebaut, 2017, S. 2, URL: https://www.institutional-money.com/news/maerkte/headline/ethik-als-performancekiller-norwegischer-staatsfonds-wird-umgebaut-134944/ (Abruf vom 10.03.2019; Dok. 52).

Verzeichnis der elektronischen Quellen nach Dokumentennummer:

Dokument 1: Statista GmbH (Hrsg.) (2019): Größte Staatsfonds weltweit nach der Höhe des verwalteten Vermögens (in Milliarden US-Dollar; Stand August 2018), von: Statista GmbH, Hamburg August 2018, https://de.statista.com/statistik/daten/studie/208474/umfrage/groesste-staatsfonds - weltweit-nach-der-hoehe-des-verwalteten-vermoegens/ (Abruf vom 08.03.2019; Dok. 1).

Dokument 2: Krieger, Sinan (2018): Mehr ist mehr, aus: Focus-Money, Bayern 10.10.2018, Nr. 42, S. 42-45, https://webvpn.hs-rm.de/sslvpn/PT/https://www.wiso-net.de/document/FOCM__doc728eed1j284iic74fl6/hitlist/0?all= (Abruf vom 05.02.2019; Dok. 2).

Dokument 3: Schipper, Lena (2014): Der mächtigste Fonds der Welt, in der: Frankfurter Allgemeine Zeitung GmbH, Frankfurt am Main 14.08.2014, https://www.faz.net/aktuell/finanzen/fonds-mehr/norwegischer-staatsfonds-der-maechtigste-fonds-der-welt-13089906.html#void (Abruf vom 08.03.2019).

Dokument 4: Kwasniewski, Nicolai (2017): Ethisches Investieren kostet Rendite, von: SPIEGEL ONLINE GmbH & Co. KG , Hamburg 21.03.2017, http://www.spiegel.de/wirtschaft/soziales/norwegens-staatsfonds-ethik-richtlinien-kosten-milliarden-a-1139803.html (Abruf vom 06.03.2019).

Dokument 5: Berthelsen, Ole; Nagell, Trude Christine (2013): Norway´s oil history in 5 minutes, von: Ministerium für Erdöl und Energie, Oslo 09.10.2013, https://www.regjeringen.no/en/topics/energy/oil-and-gas/norways-oil-history-in-5-minutes/id440538/ (Abruf vom 06.03.2019).

Dokument 6: Norwegian Ministry of Petroleum and Energy (Hrsg.) (2019): The Government´s Revenues, von: Norwegian Ministry of Petroleum and Energy, Oslo 08.03.2019, https://www.norskpetroleum.no/en/economy/governments-revenues/ (Abruf vom 06.03.2019).

Dokument 7: Stockheim, Ulrich (2008): Der norwegische Ölfonds – der „Statens Pensjonsfonds" – eine Erfolgsgeschichte, aus: D. Bierbaum (Hrsg.), So investiert die Welt, Wiesbaden 2018, https://webvpn.hs-rm.de/sslvpn/PT/https://link.springer.com/content/pdf/10.1007%2F978-3-8349-8969-7.pdf (Abruf vom 04.03.2019).

Dokument 8: Norges Bank Investment Management (Hrsg.) (2006): Annual Report 2006, von: Norges Bank Investment Management, Oslo 2006, URL: https://www.nbim.no/globalassets/reports/2006/2006-eng.pdf (Abruf vom 06.03.2019).

Dokument 9: Norwegian Ministry of Petroleum and Energy (Hrsg.) (2019): Exports of Oil and Gas, von: Norwegian Ministry of Petroleum and Energy, Oslo 08.03.2019, URL: https://www.norskpetroleum.no/en/production-and-exports/exports-of-oil-and-gas/ (Abruf vom 08.03.2019).

Dokument 10: Norwegian Ministry of Petroleum and Energy (Hrsg.) (2019): Everything you need to know about Norwegian petroleum activities, von: Norwegian Ministry of Petroleum and Energy, Oslo 2019, URL: https://www.norskpetroleum.no/en/ (Abruf vom 08.03.2019).

Dokument 11: Norges Bank Investment Management (Hrsg.) (2019): About the Fund, von: Norges Bank Investment Management, Oslo 2019, URL: https://www.nbim.no/en/the-fund/about-the-fund/ (Abruf vom 08.03.2019).

Dokument 12: Hessischer Rundfunk, Anstalt des öffentlichen Rechts (Hrsg.) (2018): So investiert Norwegens Staatsfonds, von: Hessischer Rundfunk Anstalt des öffentlichen Rechts, Frankfurt 30.05.2018, URL: https://boerse.ard.de/anlagestrategie/geldanlage/so-investiert-norwegens-staatsfonds100.html (Abruf vom 08.03.2019).

Dokument 13: Wermuth, Dieter (2005): Die Holländische Krankheit, von: Axel Springer SE, Berlin 31.12.2005, URL: https://www.welt.de/print-welt/article187891/Die-hollaendische-Krankheit.html (Abruf vom 08.03.2019).

Dokument 14: Norges Bank Investment Management (Hrsg.) (2017): Strategy, von: Norges Bank Investment Management, Oslo 28.02.2017, URL: https://www.nbim.no/en/organisation/strategy-plan/ (Abruf vom 08.03.2019).

Dokument 15: Norwegian Ministry of Finance (Hrsg.) (2018): The Government Pension Fund 2018, von: Norwegian Ministry of Finance, Oslo Meld. St. 13 (2017–2018) Report to the Storting (white paper), URL: https://www.regjeringen.no/contentassets/569f03a08ee74350b3778fdbb24dd406/en-gb/pdfs/stm201720180013000engpdfs.pdf (Abruf vom 09.03.2019).

Dokument 16: Leonie, Wolfgang (2008): Dynamische Asset Allocation – ein ganzheitlicher Beratungs- und Managementansatz, von: D. Bierbaum (Hrsg.), So investiert die Welt, Wiesbaden 2008, URL: https://webvpn.hs-rm.de/sslvpn/PT/https://link.springer.com/content/pdf/10.1007%2F978-3-8349-8969-7_19.pdf (Abruf vom 09.03.2019).

Dokument 17: Norges Bank Investment Management (Hrsg.) (2018): Annual Report 2018, von: Norges Bank Investment Management, Oslo 2018, URL: https://www.nbim.no/contentassets/02bfbbef416f4014b043e74b8405fa97/annual-report-2018-government-pension-fund-global.pdf (Abruf vom 09.03.2019).

Dokument 18: Becker, Kurt (2018): Norwegens Staatsfonds schlägt den Markt um 11,6 Milliarden Euro, von: Institutional Money c/o FONDS professionell Multimedia GmbH, Wien 16.01.2018, URL: https://www.institutional-money.com/news/maerkte/headline/norwegens-staatsfonds-schlaegt-%20den-markt-um-116-milliarden-euro-140410/ (Abruf vom 09.03.2019).

Dokument 19: Rüppel, Werner (2018): Investieren wie Norwegen, von: Herausgebergemeinschaft WERTPAPIER-MITTEILUNGEN Keppler, Lehmann GmbH & Co. KG, Frankfurt am Main 04.12.2018, URL: https://www.boersen-zeitung.de/index.php?li=1&artid=2018233837 (Abruf vom 09.03.2019).

Dokument 20: Söhnholz, Dirk; Rieken Sascha; Kaiser, G. Dieter (2010): Asset Allocation, Risiko-Overlay und Manager-Selektion, von: Gabler Verlag | Springer Fachmedien Wiesbaden GmbH 2010, Wiesbaden 2010, URL: https://webvpn.hs-rm.de/sslvpn/PT/https://link.springer.com/content/pdf/10.1007%2F978-3-8349-6315-4.pdf (Abruf vom 09.03.2019).

Dokument 21: Therese, Riiser Wålen (2018): Strategic Benchmark Index, von: Ministry of Finance, Oslo 2018, URL: https://www.regjeringen.no/en/topics/the-economy/the-government-pension-fund/government-pension-fund-global-gpfg/strategic-benchmark-index-for-the-govern/id696850/ (Abruf vom 09.03.2019).

Dokument 22: Brühl, Volker; Walz, Uwe (2015): Das anhaltende Niedrigzinsumfeld in Deutschland, von: Center for Financial Studies, Frankfurt am Main 15.04.2015, URL: https://www.ifk-cfs.de/fileadmin/downloads/publications/wp/2015/CFS_WP_506.pdf (Abruf vom 09.03.2019).

Dokument 23: Norges Bank Investment Management (Hrsg.) (2019): Equity purchases in a weak market, von: Norges Bank Investment Management, Oslo 2019, URL: https://www.nbim.no/en/the-fund/news-list/2019/equity-purchases-in-a-weak-market/ (Abruf vom 09.03.2019).

Dokument 24: Scherbaum, Christoph A.; Schmidt, Marc o. (2017): Norwegischer Staatsfonds, Harvard-Stiftung& Co: Was Privatanleger von den Großen lernen sollten, von: CASMOS Media GmbH, Ludwigsburg 21.09.2017, URL: https://markteinblicke.de/102695/2017/09/norwegischer-staatsfonds-harvard-stiftung-co-was-privatanleger-von-den-grossen-lernen-sollten/ (Abruf vom 09.03.2019).

Dokument 25: Bönke, Timm; Harnack, Astrid (2017): Ein Staatsfonds für Deutschland? Grundüberlegungen und internationale Vorbilder, von: Bertelsmann Stiftung, Gütersloh März 2017, URL: https://www.bertelsmann-stiftung.de/fileadmin/files/BSt/Publikationen/GrauePublikationen/NW_Ein_Staatsfonds_fuer_Deutschland.pdf (Abruf vom 09.03.2019).

Dokument 26: Metz, Volker (2007): Der Kapitalisierungszinssatz bei der Unternehmensbewertung, von: Deutscher Universitäts-Verlag, Wiesbaden 2007, URL: https://webvpn.hs-rm.de/sslvpn/PT/https://link.springer.com/content/pdf/10.1007%20%2F978-3-8350-9563-2.pdf%20S77 (Abruf vom 09.03.2019).

Dokument 27: Norges Bank Investment Management (Hrsg.) (2018): Investment Strategy, von: Norges Bank Investment Management, Oslo 27.02.2018, URL: https://www.nbim.no/en/the-fund/how-we-invest/investment-strategy/ (Abruf vom 09.03.2019).

Dokument 28: Norges Bank Investment Management (Hrsg.) (2018): Management Mandate, von: Norges Bank Investment Management, Oslo 06.06.2018, URL: https://www.nbim.no/en/organisation/governance-model/management-mandate/ (Abruf vom 09.03.2019).

Dokument 29: Norges Bank Investment Management (Hrsg.) (2016): Voting Process, von: Norges Bank Investment Management, Oslo 22.03.2016, URL: https://www.nbim.no/en/the-fund/responsible-investment/our-voting-records/voting-process/ (Abruf vom 09.03.2019).

Dokument 30: Mondello, Enzo (2017): Anleihen: Grundlagen, von: Springer Fachmedien Wiesbaden GmbH, Wiesbaden 2017, URL: https://webvpn.hs-rm.de/sslvpn/PT/https://link.springer.com/chapter/10.1007/978-3-658-13199-9_8 (Abruf vom 09.03.2019).

Dokument 31: Norges Bank Investment Management (Hrsg.) (2018): Fixed-income management, von: Norges Bank Investment Management, Oslo 26.10.2018, URL: https://www.nbim.no/en/the-fund/how-we-invest/fixed-income-management/ (Abruf vom 09.03.2019).

Dokument 32: Norges Bank Investment Management (Hrsg.) (2019): GPFG – Real estate management, von: Norges Bank Investment Management, Oslo 07.02.2019, URL: https://www.nbim.no/en/publications/submissions-to-ministry/2019/gpfg---real-estate-management/ (Abruf vom 09.03.2019).

Dokument 33: Junker, Andy; Griebsch, Jürgen (2017): Due Diligence: Möglichkeit zur Standardisierung des Prozesses zur Unternehmenswertsteigerung?, von: Springer Fachmedien Wiesbaden GmbH 2017, Wiesbaden 12.07.2017, URL: https://webvpn.hs-rm.de/sslvpn/PT/https://link.springer.com/chapter/10.1007/978-3-658-16430-0_6 (Abruf vom 09.03.2019).

Dokument 34: Norges Bank Investment Management (Hrsg.) (2017): Real estate Management, von: Norges Bank Investment Management, Oslo 14.03.2017, URL: https://www.nbim.no/en/the-fund/how-we-invest/real-estate-management/ (Abruf vom 09.03.2019).

Dokument 35: Council on Ethics for the Government Pension Fund Global (Hrsg.) (2017): Guideline for observation and exclusion of companies from the Government Pension Fund Global, von: Council on Ethics for the Government Pension Fund Global, Oslo 10.02.2017, URL: https://etikkradet.no/files/2017/04/Etikkraadet_Guidelines-_eng_2017_web.pdf (Abruf vom 09.03.2019).

Dokument 36: Norges Bank Investment Management (Hrsg.) (2016): Children´s rights, von: Norges Bank Investment Management, Oslo 07.04.2016, URL: https://www.nbim.no/en/the-fund/responsible-investment/risk-management/childrens-rights/ (Abruf vom 09.03.2019).

Dokument 37: Norges Bank Investment Management (Hrsg.) (2019): Returns, von: Norges Bank Investment Management, Oslo 27.02.2019, URL: https://www.nbim.no/en/the-fund/returns/ (Abruf vom 09.03.2019).

Dokument 38: Bloomberg, Oslo (2018): Glückliches Händchen, von: Herausgebergemeinschaft WERTPAPIER-MITTEILUNGEN Keppler, Lehmann GmbH & Co. KG, Frankfurt am Main Ausgabe 10 vom 16.01.2018, Seite 2, URL: https://www.boersen-zeitung.de/index.php?li=1&artid=2018010009&titel=Glueckliches-Haendchen (Abruf vom 09.03.2019).

Dokument 39: "o. V." (2018): Staatsfonds erzielt Rekordrendite, von: Herausgebergemeinschaft WERTPAPIER-MITTEILUNGEN Keppler, Lehmann GmbH & Co. KG, Frankfurt am Main Ausgabe 41 vom 28.02.2018, Seite 2, URL: https://www.boersen-zeitung.de/index.php?li=1&artid=2018041027&titel=Staatsfonds-erzielt-Rekordrendite, (Abruf vom 09.03.2019).

Dokument 40: CFA Institute (Hrsg.) (2010): Global Investment Performance Standards (GIPS), von: 2018 CFA Institute, Charlottesville 29.01.2010, URL: https://www.gipsstandards.de/fileadmin/pdf/Gips2010-Deutsch.pdf (Abruf vom 09.03.2019).

Dokument 41: Norges Bank Investment Management (Hrsg.) (2018): 1Q/18 Government Pension Fund Global Quarterly Report/2018, von: Norges Bank Investment Management, Oslo 2018, URL: https://www.nbim.no/contentassets/2d7320021b0e40b7bb6a45c3d827a635/government-pension-fund-global---1q-2018-report.pdf (Abruf vom 09.03.2019).

Dokument 42: Norges Bank Investment Management (Hrsg.) (2018): 2Q/18 Government Pension Fund Global Quarterly Report/2018, von: Norges Bank Investment Management, Oslo 2018, URL: https://www.nbim.no/contentassets/3be3c2fb7bd540598e8cb3311318108e/government-pension-fund-global---quarterly-report-2q-2018.pdf (Abruf vom 09.03.2019).

Dokument 43: Norges Bank Investment Management (Hrsg.) (2018): 3Q/18 Government Pension Fund Global Quarterly Report/2018, von: Norges Bank Investment Management, Oslo 2018, URL: https://www.nbim.no/contentassets/6ca8926d402d484b85569addb7697992/gpfg-3q-2018-quarterly-report.pdf (Abruf vom 09.03.2019).

Dokument 44: Harr, Christian (2019): Das vierte Börsen-Quartal 2018 im Rückblick, von: investify S.A., Luxemburg 2019, URL: https://www.investify.com/journal-boersen-und-marktentwicklung/das-vierte-quartal-2018-im-rueckblick (Abruf vom 09.03.2019).

Dokument 45: „o. V." (2018): Norwegens Staatsfonds schlägt den Markt deutlich, von: cash zweiplus ag, Zürich 20.01.2018,URL: https://www.cash.ch/news/politik/anlageerfolg-norwegens-staatsfonds-schlaegt-den-markt-deutlich-1135821 (Abruf vom 10.03.2019).

Dokument 46: Balzter, Sebastian (2016): Hier spricht der größte Aktionär der Welt, von: Frankfurter Allgemeine Zeitung GmbH, Frankfurt am Main 07.02.2016, URL: https://www.faz.net/aktuell/finanzen/fonds-mehr/interview-mit-yngve-slyngstad-hier-spricht-der-groesste-aktionaer-der-welt-14056136-p2.html (Abruf vom 10.03.2019).

Dokument 47: Norges Bank Investment Management (Hrsg.) (2018): Observation and exclusion of companies, von: Norges Bank Investment Management, Oslo 10.07.2018, URL: https://www.nbim.no/en/the-fund/responsible-investment/exclusion-of-companies/ (Abruf vom 09.03.2019).

Dokument 48: Council on Ethics for the Government Pension Fund Global (Hrsg.) (2009): To the Ministry of Finance Recommendation, von: Council on Ethics for the Government Pension Fund Global, Oslo 22.10.2009, URL: https://etikkradet.no/files/2017/02/Rec-tobacco-English2009.pdf (Abruf vom 10.03.2019).

Dokument 49: MSCI Inc. (Hrsg.) (2019): MSCI World Tobacco Index (USD), von: MSCI Inc., Frankfurt am Main 28.02.2019, URL: https://www.msci.com/documents/10199/60e06c7e-e189-4193-b7d4-fcee21c3c2fa (Abruf vom 10.03.2019).

Dokument 50: Reiche, Lutz (2016): Axa gibt kein Geld mehr für Kippen, von: manager magazin new media GmbH, Hamburg 23.05.2016, URL: http://www.manager-magazin.de/unternehmen/artikel/axa-steigt-aus-finanzierung-von-tabakkonzernen-aus-a-1093711.html (Abruf vom 10.03.2019).

Dokument 51: Haidt Egmond (2017): Weltgrößter Staatsfonds will aus Ölaktien aussteigen, von: FOCUS Online Group GmbH, München 20.11.2017, URL: https://www.finanzen100.de/finanznachrichten/wirtschaft/ruhe-bewahren-weltgroesster-staatsfonds-will-aus-oelaktien-aussteigen_H918454903_507710/ (Abruf vom 10.03.2019).

Dokument 52: Becker, Kurt (2017): Ethik als Performancekiller: Norwegischer Staatsfonds wird umgebaut, von: Institutional Money c/o FONDS professionell Multimedia GmbH, Wien 28.06.2017, URL: https://www.institutional-money.com/news/maerkte/headline/ethik-als-performancekiller-norwegischer-staatsfonds-wird-umgebaut-134944/ (Abruf vom 10.03.2019).

Dokument 53: Kern, Steffen (2009): Staatsfonds und Investitionspolitik – der aktuelle Stand, von: Deutsche Bank Research, Frankfurt am Main 14.07.2009, URL: https://webvpn.hs-rm.de/sslvpn/PT/https://www.dbresearch.de/PROD/RPS_DE-PROD/PROD0000000000463228/Staatsfonds_und_Investitionspolitik_%C2%96_der_aktuelle.pdf (Abruf vom 10.03.2019).

Dokument 54: Norges Bank Investment Management (Hrsg.) (2016): Voting guidelines, Oslo 22.03.2016, URL: https://www.nbim.no/en/the-fund/responsible-investment/our-voting-records/voting-guidelines2/ (Abruf vom 10.03.2019).

Dokument 55: Falkner, Jutta (2018): Norwegens Staatsfonds formuliert Erwartungen als Anleger, von: Falkner Business Publishing GmbH, Berlin 06.09.2018, URL: http://www.businessportal-norwegen.com/2018/09/06/norwegens-staatsfonds-formuliert-erwartungen-als-anleger/ (Abruf vom 10.03.2019).

Dokument 56: Weitmayr, Hans (2017): Norwegischer Staatsfonds macht Druck auf CEOs, von: Institutional Money c/o FONDS professionell Multimedia GmbH, Wien 27.11.2017, URL: https://www.institutional-money.com/news/maerkte/headline/norwegischer-staatfonds-macht-druck-auf-ceos-139039/ (Abruf vom 10.03.2019).

Dokument 57: Märkl, Maximilian (2019): Norwegischer Staatsfonds halbiert VW-Anteile, von: Citywire GmbH, München 01.03.2019, URL: https://citywire.de/news/norwegischer-staatsfonds-halbiert-vw-anteile/a1205605 (Abruf vom 10.03.2019).

Dokument 58 : Falkner, Jutta (2018): Norwegens Staatsfonds GPFG formuliert Ansprüche an Zusammensetzung von Aufsichtsräten, von: Falkner Business Publishing GmbH, Berlin 06.09.2018, URL: http://www.businessportal-norwegen.com/2018/10/29/norwegens-staatsfonds-gpfg-formuliert-anspruech-an-zusammensetzung-von-aufsichtsraeten/ (Abruf vom 10.03.2019).

Dokument 59: Norges Bank Investment Management (Hrsg.) (2019): Responsible investment, von: Norges Bank Investment Management, Oslo 07.02.2019, URL: https://www.nbim.no/contentassets/e1632963319146bbb04002411 4ca65af/responsible-investment_2018.pdf (Abruf vom 10.03.2019).

Dokument 60: Norges Bank Investment Management (Hrsg.) (2012): Well-functioning financial markets, von: Norges Bank Investment Management, Oslo 19.11.2012, URL: https://www.nbim.no/contentassets/e1632963319146bbb04002411 4ca65af/responsible-investment_2018.pdf (Abruf vom 10.03.2019).

Dokument 61: Böcking, David (2015): Raus aus den schmutzigen Aktien, von: SPIEGEL ONLINE GmbH & Co. KG, Hamburg 02.10.2015, URL: http://www.spiegel.de/wirtschaft/unternehmen/divestment-klimaaktivisten-suchen-nach-kohle-investitionen-a-1055650.html (Abruf vom 10.03.2019).

Dokument 62: Kant, Immanuel (1785): Kritik der praktischen Vernunft. Grundlegung zur Metaphysik der Sitten, Berlin 2000, S. 51, Suhrkamp Verlag, Bd. VII, S.51, URL: URL: https://webvpn.hs-rm.de/sslvpn/PT/https://link.springer.com/chapter/10.1007/978-3-476-01724-6_7 (Abruf vom 20.02.2019).

Verzeichnis der Elektronischen Quellen nach Alphabetischer Ordnung:

Balzter, Sebastian (2016): Hier spricht der größte Aktionär der Welt, von: Frankfurter Allgemeine Zeitung GmbH, Frankfurt am Main 07.02.2016, URL: https://www.faz.net/aktuell/finanzen/fonds-mehr/interview-mit-yngve-slyngstad-hier-spricht-der-groesste-aktionaer-der-welt-14056136-p2.html (Abruf vom 10.03.2019; Dok. 46).

Becker, Kurt (2017): Ethik als Performancekiller: norwegischer Staatsfonds wird umgebaut, von: Institutional Money c/o FONDS professionell Multimedia GmbH, Wien 28.06.2017, URL: https://www.institutional-money.com/news/maerkte/headline/ethik-als-performancekiller-norwegischer-staatsfonds-wird-umgebaut-134944/ (Abruf vom 10.03.2019; Dok. 52).

Becker, Kurt (2018): Norwegens Staatsfonds schlägt den Markt um 11,6 Milliarden Euro, von: Institutional Money c/o FONDS professionell Multimedia GmbH, Wien 16.01.2018, URL:https://www.institutional-money.com/news/maerkte/headline/norwegens-staatsfonds-schlaegt-%20den-markt-um-116-milliarden-euro-140410/ (Abruf vom 09.03.2019; Dok. 18).

Berthelsen, Ole; Nagell, Trude Christine (2013): Norway´s oil history in 5 minutes, von: Norwegian Ministry of Petroleum and Energy, Oslo 09.10.2013, https://www.regjeringen.no/en/topics/energy/oil-and-gas/norways-oil-history-in-5-minutes/id440538/ (Abruf vom 06.03.2019; Dok. 5).

Bloomberg, Oslo (2018): Glückliches Händchen, von: Herausgebergemeinschaft WERTPAPIER-MITTEILUNGEN Keppler, Lehmann GmbH & Co. KG, Frankfurt am Main Ausgabe 10 vom 16.01.2018, Seite 2, URL: https://www.boersen-zeitung.de/index.php?li=1&artid=2018010009&titel=Glueckliches-Haendchen (Abruf vom 09.03.2019; Dok. 38).

Böcking, David (2015): Raus aus den schmutzigen Aktien, von: SPIEGEL ONLINE GmbH & Co. KG, Hamburg 02.10.2015, URL: http://www.spiegel.de/wirtschaft/unternehmen/divestment-klimaaktivisten-suchen-nach-kohle-investitionen-a-1055650.html (Abruf vom 10.03.2019; Dok. 61).

Bönke, Timm; Harnack, Astrid (2017): Ein Staatsfonds für Deutschland? Grundüberlegungen und internationale Vorbilder, von: Bertelsmann Stiftung, Gütersloh März 2017, URL: https://www.bertelsmann-stiftung.de/fileadmin/files/BSt/Publikationen/GrauePublikationen/NW_Ein_Staatsfonds_fuer_Deutschland.pdf (Abruf vom 09.03.2019; Dok. 25).

Brühl, Volker; Walz, Uwe (2015): Das anhaltende Niedrigzinsumfeld in Deutschland, von: Center for Financial Studies, Frankfurt am Main 15.04.2015, URL: https://www.ifk-cfs.de/fileadmin/downloads/publications/wp/2015/CFS_WP_506.pdf (Abruf vom 09.03.2019; Dok. 22).

CFA Institute (Hrsg.) (2010): Global Investment Performance Standards (GIPS), von: 2018 CFA Institute, Charlottesville 29.01.2010, URL: https://www.gipsstandards.de/fileadmin/pdf/Gips2010-Deutsch.pdf (Abruf vom 09.03.2019; Dok. 40).

Council on Ethics for the Government Pension Fund Global (Hrsg.) (2009): To the Ministry of Finance Recommendation, von: Council on Ethics for the Government Pension Fund Global, Oslo 22.10.2009, URL: https://etikkradet.no/files/2017/02/Rec-tobacco-English2009.pdf (Abruf vom 10.03.2019; Dok. 48).

Council on Ethics for the Government Pension Fund Global (Hrsg.) (2017): Guideline for observation and exclusion of companies from the Government Pension Fund Global, von: Council on Ethics for the Government Pension Fund Global, Oslo 10.02.2017, URL: https://etikkradet.no/files/2017/04/Etikkraadet_Guidelines-_eng_2017_web.pdf (Abruf vom 09.03.2019; Dok. 35).

Falkner, Jutta (2018): Norwegens Staatsfonds formuliert Erwartungen als Anleger, von: Falkner Business Publishing GmbH, Berlin 06.09.2018, URL: http://www.businessportal-norwegen.com/2018/09/06/norwegens-staatsfonds-formuliert-erwartungen-als-anleger/ (Abruf vom 10.03.2019; Dok. 55).

Falkner, Jutta (2018): Norwegens Staatsfonds GPFG formuliert Ansprüche an Zusammensetzung von Aufsichtsräten, von: Falkner Business Publishing GmbH, Berlin 06.09.2018, URL: http://www.businessportal-norwegen.com/2018/10/29/norwegens-staatsfonds-gpfg-formuliert-ansprueche-an-zusammensetzung-von-aufsichtsraeten/ (Abruf vom 10.03.2019; Dok. 58).

Haidt Egmond (2017): Weltgrößter Staatsfonds will aus Ölaktien aussteigen, von: FOCUS Online Group GmbH, München 20.11.2017, URL: https://www.finanzen100.de/finanznachrichten/wirtschaft/ruhe-bewahren-weltgroesster-staatsfonds-will-aus-oelaktien-aussteigen_H918454903_507710/ (Abruf vom 10.03.2019; Dok 51).

Harr, Christian (2019): Das vierte Börsen-Quartal 2018 im Rückblick, von: Investify S.A., Luxemburg 2019, URL: https://www.investify.com/journal-boersen-und-marktentwicklung/das-vierte-quartal-2018-im-rueckblick (Abruf vom 09.03.2019; Dok.44).

Hessischer Rundfunk, Anstalt des öffentlichen Rechts (Hrsg.) (2018): So investiert Norwegens Staatsfonds, von: Hessischer Rundfunk Anstalt des öffentlichen Rechts,

Frankfurt 30.05.2018, URL: https://boerse.ard.de/anlagestrategie/geldanlage/so-investiert-norwegens-staatsfonds100.html (Abruf vom 08.03.2019; Dok. 12).

Junker, Andy; Griebsch, Jürgen (2017): Due Diligence: Möglichkeit zur Standardisierung des Prozesses zur Unternehmenswertsteigerung?, von: Springer Fachmedien Wiesbaden GmbH 2017, Wiesbaden 12.07.2017, URL: https://webvpn.hs-rm.de/sslvpn/PT/https://link.springer.com/chapter/10.1007/978-3-658-16430-0_6 (Abruf vom 09.03.2019; Dok. 33).

Kant, Immanuel (1785): Kritik der praktischen Vernunft. Grundlegung zur Metaphysik der Sitten, Berlin 2000, S. 51, Suhrkamp Verlag, Bd. VII, S.51, URL: URL: https://webvpn.hs-rm.de/sslvpn/PT/https://link.springer.com/chapter/10.1007/978-3-476-01724-6_7 (Abruf vom 20.02.2019; Dok. 62).

Kern, Steffen (2009): Staatsfonds und Investitionspolitik – der aktuelle Stand, von: Deutsche Bank Research, Frankfurt am Main 14.07.2009, URL: https://webvpn.hs-rm.de/sslvpn/PT/https://www.dbresearch.de/PROD/RPS_DE-PROD/PROD0000000000463228/Staatsfonds_und_Investitionspolitik_%C2%96_der_aktuelle.pdf (Abruf vom 10.03.2019; Dok. 53).

Krieger, Sinan (2018): Mehr ist mehr, aus: Focus-Money, Bayern 10.10.2018, Nr. 42, S. 42-45, https://webvpn.hs-rm.de/sslvpn/PT/https://www.wiso-net.de/document/FOCM__doc728eed1j284iic74fl6/hitlist/0?all= (Abruf vom 05.02.2019; Dok. 2).

Kwasniewski, Nicolai (2017): Ethisches Investieren kostet Rendite, von: SPIEGEL ONLINE GmbH & Co. KG , Hamburg 21.03.2017, http://www.spiegel.de/wirtschaft/soziales/norwegens-staatsfonds-ethik-richtlinien-kosten-milliarden-a-1139803.html (Abruf vom 06.03.2019; Dok. 4).

Leonie, Wolfgang (2008): Dynamische Asset Allocation – ein ganzheitlicher Beratungs- und Managementansatz, von: D. Bierbaum (Hrsg.), So investiert die Welt, Wiesbaden 2008, URL: https://webvpn.hs-rm.de/sslvpn/PT/https://link.springer.com/content/pdf/10.1007%2F978-3-8349-8969-7_19.pdf (Abruf vom 09.03.2019; Dok. 16).

Märkl, Maximilian (2019): Norwegischer Staatsfonds halbiert VW-Anteile, von: Citywire GmbH, München 01.03.2019, URL: https://citywire.de/news/norwegischer-staatsfonds-halbiert-vw-anteile/a1205605 (Abruf vom 10.03.2019; Dok. 57).

Metz, Volker (2007): Der Kapitalisierungszinssatz bei der Unternehmensbewertung, von: Deutscher Universitäts-Verlag, Wiesbaden 2007, URL: https://webvpn.hs-rm.de/sslvpn/PT/https://link.springer.com/content/pdf/10.1007%20%2F978-3-8350-9563-2.pdf%20S77 (Abruf vom 09.03.2019; Dok. 26).

Mondello, Enzo (2017): Anleihen: Grundlagen, von: Springer Fachmedien Wiesbaden GmbH, Wiesbaden 2017, URL: https://webvpn.hs-rm.de/sslvpn/PT/https://link.springer.com/chapter/10.1007/978-3-658-13199-9_8 (Abruf vom 09.03.2019; Dok. 30).

MSCI Inc. (Hrsg.) (2019): MSCI World Tobacco Index (USD), von: MSCI Inc., Frankfurt am Main 28.02.2019, URL: https://www.msci.com/documents/10199/60e06c7e-e189-4193-b7d4-fcee21c3c2fa (Abruf vom 10.03.2019; Dok. 49).

Norges Bank Investment Management (Hrsg.) (2006): Annual Report 2006, von: Norges Bank Investment Management, Oslo 2006, URL: https://www.nbim.no/globalassets/reports/2006/2006-eng.pdf (Abruf vom 06.03.2019; Dok. 8).

Norges Bank Investment Management (Hrsg.) (2012): Well-functioning financial markets, von: Norges Bank Investment Management, Oslo 19.11.2012, URL: https://www.nbim.no/contentassets/e1632963319146bbb040024114ca65af/responsible-investment_2018.pdf (Abruf vom 10.03.2019; Dok. 59).

Norges Bank Investment Management (Hrsg.) (2016): Children´s rights, von: Norges Bank Investment Management, Oslo 07.04.2016, URL: https://www.nbim.no/en/the-fund/responsible-investment/risk-management/childrens-rights/ (Abruf vom 09.03.2019; Dok. 36).

Norges Bank Investment Management (Hrsg.) (2016): Voting guidelines, Oslo 22.03.2016, URL: https://www.nbim.no/en/the-fund/responsible-investment/our-voting-records/voting-guidelines2/ (Abruf vom 10.03.2019; Dok. 54).

Norges Bank Investment Management (Hrsg.) (2016): Voting Process, von: Norges Bank Investment Management, Oslo 22.03.2016, URL: https://www.nbim.no/en/the-fund/responsible-investment/our-voting-records/voting-process/ (Abruf vom 09.03.2019; Dok. 29).

Norges Bank Investment Management (Hrsg.) (2017): Real estate Management, von: Norges Bank Investment Management, Oslo 14.03.2017, URL: https://www.nbim.no/en/the-fund/how-we-invest/real-estate-management/ (Abruf vom 09.03.2019; Dok. 34).

Norges Bank Investment Management (Hrsg.) (2017): Strategy, von: Norges Bank Investment Management, Oslo 28.02.2017, URL: https://www.nbim.no/en/organisation/strategy-plan/ (Abruf vom 08.03.2019; Dok. 14).

Norges Bank Investment Management (Hrsg.) (2018): 1Q/18 Government Pension Fund Global Quarterly Report/2018, von: Norges Bank Investment Management, Oslo 2018, URL: https://www.nbim.no/contentassets/2d7320021b0e40b7bb6a45c3d827a635/government-pension-fund-global---1q-2018-report.pdf (Abruf vom 09.03.2019; Dok. 41).

Norges Bank Investment Management (Hrsg.) (2018): 2Q/18 Government Pension Fund Global Quarterly Report/2018, von: Norges Bank Investment Management, Oslo 2018, URL: https://www.nbim.no/contentassets/3be3c2fb7bd540598e8cb3311318108e/government-pension-fund-global---quarterly-report-2q-2018.pdf (Abruf vom 09.03.2019; Dok. 42).

Norges Bank Investment Management (Hrsg.) (2018): 3Q/18 Government Pension Fund Global Quarterly Report/2018, von: Norges Bank Investment Management, Oslo 2018, URL: https://www.nbim.no/contentassets/6ca8926d402d484b85569addb7697992/gpfg-3q-2018-quarterly-report.pdf (Abruf vom 09.03.2019; Dok. 43).

Norges Bank Investment Management (Hrsg.) (2018): Annual Report 2018, von: Norges Bank Investment Management, Oslo 2018, URL: https://www.nbim.no/contentassets/02bfbbef416f4014b043e74b8405fa97/annual-report-2018-government-pension-fund-global.pdf (Abruf vom 09.03.2019; Dok. 17).

Norges Bank Investment Management (Hrsg.) (2018): Fixed-income management, von: Norges Bank Investment Management, Oslo 26.10.2018, URL: https://www.nbim.no/en/the-fund/how-we-invest/fixed-income-management/ (Abruf vom 09.03.2019; Dok. 31).

Norges Bank Investment Management (Hrsg.) (2018): Investment Strategy, von: Norges Bank Investment Management, Oslo 27.02.2018, URL: https://www.nbim.no/en/the-fund/how-we-invest/investment-strategy/ (Abruf vom 09.03.2019; Dok. 27).

Norges Bank Investment Management (Hrsg.) (2018): Management Mandate, von: Norges Bank Investment Management, Oslo 06.06.2018, URL: https://www.nbim.no/en/organisation/governance-model/management-mandate/ (Abruf vom 09.03.2019; Dok. 28).

Norges Bank Investment Management (Hrsg.) (2018): Observation and exclusion of companies, von: Norges Bank Investment Management, Oslo 10.07.2018, URL: https://www.nbim.no/en/the-fund/responsible-investment/exclusion-of-companies/ (Abruf vom 09.03.2019; Dok. 47).

Norges Bank Investment Management (Hrsg.) (2019): About the Fund, von: Norges Bank Investment Management, Oslo 2019, URL: https://www.nbim.no/en/the-fund/about-the-fund/ (Abruf vom 08.03.2019; Dok. 11).

Norges Bank Investment Management (Hrsg.) (2019): Equity purchases in a weak market, von: Norges Bank Investment Management, Oslo 2019, URL: https://www.nbim.no/en/the-fund/news-list/2019/equity-purchases-in-a-weak-market/ (Abruf vom 09.03.2019; Dok. 23).

Norges Bank Investment Management (Hrsg.) (2019): GPFG – Real estate management, von: Norges Bank Investment Management, Oslo 07.02.2019, URL: https://www.nbim.no/en/publications/submissions-to-ministry/2019/gpfg---real-estate-management/ (Abruf vom 09.03.2019; Dok. 32).

Norges Bank Investment Management (Hrsg.) (2019): Responsible investment, von: Norges Bank Investment Management, Oslo 07.02.2019, URL: https://www.nbim.no/contentassets/e1632963319146bbb040024114ca65af/responsible-investment_2018.pdf (Abruf vom 10.03.2019; Dok. 59).

Norges Bank Investment Management (Hrsg.) (2019): Returns, von: Norges Bank Investment Management, Oslo 27.02.2019, URL: https://www.nbim.no/en/the-fund/returns/ (Abruf vom 09.03.2019; Dok. 37).

Norwegian Ministry of Finance (Hrsg.) (2018): The Government Pension Fund 2018, von: Norwegian Ministry of Finance, Oslo Meld. St. 13 (2017–2018) Report to the Storting (white paper), URL: https://www.regjeringen.no/contentassets/569f03a08ee74350b3778fdbb24dd406/en-gb/pdfs/stm201720180013000engpdfs.pdf (Abruf vom 09.03.2019; Dok. 15).

Norwegian Ministry of Petroleum and Energy (Hrsg.) (2019): Everything you need to know about Norwegian petroleum activities, von: Norwegian Ministry of Petroleum and Energy, Oslo 2019, URL: https://www.norskpetroleum.no/en/ (Abruf vom 08.03.2019; Dok. 10).

Norwegian Ministry of Petroleum and Energy (Hrsg.) (2019): Exports of Oil and Gas, von: Norwegian Ministry of Petroleum and Energy, Oslo 08.03.2019, URL: https://www.norskpetroleum.no/en/production-and-exports/exports-of-oil-and-gas/ (Abruf vom 08.03.2019; Dok. 9).

Norwegian Ministry of Petroleum and Energy (Hrsg.) (2019): The Government´s Revenues, von: Norwegian Ministry of Petroleum and Energy, Oslo 08.03.2019, https://www.norskpetroleum.no/en/economy/governments-revenues/ (Abruf vom 06.03.2019; Dok. 6).

„o. V.“ (2018): Norwegens Staatsfonds schlägt den Markt deutlich, von: cash zweiplus ag, Zürich 20.01.2018,URL: https://www.cash.ch/news/politik/anlageerfolg-norwegens-staatsfonds-schlaegt-den-markt-deutlich-1135821 (Abruf vom 10.03.2019; Dok. 45).

“o. V.” (2018): Staatsfonds erzielt Rekordrendite, von: Herausgebergemeinschaft WERTPAPIER-MITTEILUNGEN Keppler, Lehmann GmbH & Co. KG, Frankfurt am Main Ausgabe 41 vom 28.02.2018, Seite 2, URL: https://www.boersen-zeitung.de/index.php?li=1&artid=2018041027&titel=Staatsfonds-erzielt-Rekordrendite, (Abruf vom 09.03.2019; Dok. 39).

Reiche, Lutz (2016): Axa gibt kein Geld mehr für Kippen, von: manager magazin new media GmbH, Hamburg 23.05.2016, URL: http://www.manager-magazin.de/unternehmen/artikel/axa-steigt-aus-finanzierung-von-tabakkonzernen-aus-a-1093711.html (Abruf vom 10.03.2019; Dok. 50).

Rüppel, Werner (2018): Investieren wie Norwegen, von: Herausgebergemeinschaft WERTPAPIER-MITTEILUNGEN Keppler, Lehmann GmbH & Co. KG, Frankfurt am Main 04.12.2018, URL: https://www.boersen-zeitung.de/index.php?li=1&artid=2018233837 (Abruf vom 09.03.2019; Dok. 19).

Scherbaum, Christoph A.; Schmidt, Marc o. (2017): Norwegischer Staatsfonds, Harvard-Stiftung& Co: Was Privatanleger von den Großen lernen sollten, von: CASMOS Media GmbH, Ludwigsburg 21.09.2017, URL: https://markteinblicke.de/102695/2017/09/norwegischer-staatsfonds-harvard-stiftung-co-was-privatanleger-von-den-grossen-lernen-sollten/ (Abruf vom 09.03.2019; Dok 24).

Schipper, Lena (2014): Der mächtigste Fonds der Welt, in der: Frankfurter Allgemeine Zeitung GmbH, Frankfurt am Main 14.08.2014, https://www.faz.net/aktuell/finanzen/fonds-mehr/norwegischer-staatsfonds-der-maechtigste-fonds-der-welt-13089906.html#void (Abruf vom 08.03.2019; Dok. 3).

Söhnholz, Dirk; Rieken Sascha; Kaiser, G. Dieter (2010): Asset Allocation, Risiko-Overlay und Manager-Selektion, von: Gabler Verlag | Springer Fachmedien Wiesbaden GmbH 2010, Wiesbaden 2010, URL: https://webvpn.hs-rm.de/sslvpn/PT/https://link.springer.com/content/pdf/10.1007%2F978-3-8349-6315-4.pdf (Abruf vom 09.03.2019; Dok. 20).

Statista GmbH (Hrsg.) (2019): Größte Staatsfonds weltweit nach der Höhe des verwalteten Vermögens (in Milliarden US-Dollar; Stand August 2018), von: Statista GmbH, Hamburg August 2018, https://de.statista.com/statistik/daten/studie/208474/umfrage/groesste-staatsfonds - weltweit-nach-der-hoehe-des-verwalteten-vermoegens/ (Abruf vom 08.03.2019; Dok. 1).

Stockheim, Ulrich (2008): Der norwegische Ölfonds – der „Statens Pensjonsfonds" – eine Erfolgsgeschichte, aus: D. Bierbaum (Hrsg.), So investiert die Welt, Wiesbaden 2018, https://webvpn.hs-rm.de/sslvpn/PT/https://link.springer.com/content/pdf/10.1007%2F978-3-8349-8969-7.pdf (Abruf vom 04.03.2019; Dok 7).

Therese, Riiser Wålen (2018): Strategic Benchmark Index, von: Ministry of Finance, Oslo 2018, URL: https://www.regjeringen.no/en/topics/the-economy/the-government-pension-fund/government-pension-fund-global-gpfg/strategic-benchmark-index-for-the-govern/id696850/ (Abruf vom 09.03.2019; Dok. 21).

Weitmayr, Hans (2017): Norwegischer Staatsfonds macht Druck auf CEOs, von: Institutional Money c/o FONDS professionell Multimedia GmbH, Wien 27.11.2017, URL: https://www.institutional-money.com/news/maerkte/headline/norwegischer-staatfonds-macht-druck-auf-ceos-139039/ (Abruf vom 10.03.2019; Dok. 56).

FSC
www.fsc.org
MIX
Papier | Fördert
gute Waldnutzung
FSC® C083411

Kolibri 360 GmbH
Ferdinand-Jühlke-Straße 7
99095 Erfurt, Deutschland
produktsicherheit@kolibri360.de

Druck:
CPI Druckdienstleistungen GmbH
im Auftrag der
Kolibri 360 GmbH
Ferdinand-Jühlke-Str. 7
99095 Erfurt